WERDE FREI
UND
BLEIBE FREI

David Ohin

Wie dämonischer Einfluss im eigenen Leben erkannt und überwunden werden kann

Advantage BOOKS

WERDE FREI UND BLEIBE FREI

DAVID OHIN

David Ohin

Originaltitel: *Get Free & Stay Free* by David Ohin
Copyright © 2020 by David Ohin
Übersetzung ins Deutsche: Andrea Kern
Alle Rechte vorbehalten.
ISBN: 978-1-59755-632-3

Bibelstellen aus dem Alten Testament, sind aus der Schlachter Übersetzung (SLT) Copyright © 2000 Genfer Bibelgesellschaft.

Bibelstellen aus dem Neuen Testament sind aus der Neuen Genfer Übersetzung Neues Testament und Psalmen Copyright © 2011 Genfer Bibelgesellschaft. Alle Rechte vorbehalten.

Library of Congress Control Number: 2021936754

First Edition May 2021
21 22 23 24 25 26 27 10 9 8 7 6 5 4 3 2 1
Published by Advantage Books Inc.

Inhaltsverzeichnis

David Ohin

Widmungen

In unserer Zeit ist es dringend notwendig, Menschen zu helfen, Heilung und Befreiung zu erhalten. Davids praktisches Handbuch enthält nützliche Leitlinien sowohl für diejenigen, die Befreiung empfangen, als auch für diejenigen, die beten, um Seelen aus den Fesseln von Krankheit und dämonischen Bindungen zu befreien und wiederherzustellen.

Dieser leicht verständliche Leitfaden umreißt allgemeine Grundsätze, welche die meisten Mitglieder der Kirche, die den vollen Dienst des Evangeliums zur Verkündigung, Heilung und Befreiung ausüben, als alltägliche Realität empfunden haben, wenn sie für die Befreiung von Gefangenen beten. Dieses unschätzbare Handbuch bietet eine Schritt-für-Schritt-Anleitung für all jene, die wirkungsvoll dienen wollen und jene, die nach Freiheit in Christus streben. Ein unentbehrliches Werkzeug für das Bücherregal eines jeden, der gerne dient.

Pastor Brian Hannant
Pastor, Gateway Community Church, Kettering, England

Es freut mich sehr, dass ich gebeten wurde, eine Widmung für das Buch von David „Werde frei – bleibe frei" zu schreiben. Dieses kurze und leicht zu lesende Buch wird eine kostbare Waffe im geistlichen Arsenal eines Christen sein. David legt offen, wie die Mächte der Finsternis arbeiten, um Menschen auf ihrem Weg mit Jesus als ihrem Retter zu behindern, wie sie verhindern wollen, dass sie teilhaben an seinem ewigen Sieg über alles, was sich gegen Gott auflehnt. Er zeigt auf, wie sie sich offenbaren und arbeiten, welche Tore sie nutzen, um Eingang in unser Leben zu finden und wie ihre Macht zerstört wird, damit Gefangene freigesetzt werden können. Wir erhalten ein Handbuch oder Werkzeug, dass uns als Soldaten Christi hilft, standhaft zu sein gegen Dämonen und böse Geister. Besonders hilfreich ist der Abschnitt darüber, wie wir frei bleiben, nachdem die dämonischen Festungen zerstört wurden, was bei Befreiungsdiensten zu oft vergessen geht. Die Bekenntnisse unserer Identität in Christus sind wirklich bestärkend und wir sollten sie alle regelmäßig aussprechen, wenn wir standhaft bleiben wollen als Kinder Gottes. David beschäftigt sich auch mit dem Thema

Heilung und natürlich der Errettung. Das Buch ist in einer einfachen Sprache geschrieben und ich empfinde es als Erfolg.

Ich kenne David schon seit vielen Jahren und habe das Privileg seinen Dienst zu verfolgen und unterstützen. David hat eine unkomplizierte Art in seinem Dienst an den Verloren, Kranken und den geistlich Gebundenen. Für ihn gibt es keinen stärkeren Namen als den Namen Jesus und mit seiner sanftmütigen Art jedoch voller Autorität, sieht er immer wieder, wie Menschen errettet, geheilt und freigesetzt werden. Er schreibt aus Erfahrung, hält nichts zurück und ich bin mir sicher, dass dieses Buch dich ausrüstet und zu einem Segen für dich wird, worauf du immer wieder zurückgreifen kannst in deinem Dienst als Botschafter im Reich Gottes.

Pastor Mark Taylor
Baptistischer Seelsorger und Krankenhauseelsorger, England

Es freut mich sehr, dass ich gebeten wurde, eine Widmung für Davids Buch „Werde frei – bleibe frei" zu schreiben. Dieses kurze und gut lesbare Buch wird eine kostbare Waffe werden für jeden Christen auf seinem geistlichen Weg. Hier in Afrika nennen wir David einen der Botschafter des Evangeliums für Afrika. Er legt offen, wie die Mächte der Finsternis arbeiten, um Menschen auf ihrem Weg mit Jesus als ihrem Retter zu behindern und verhindern wollen, dass sie teilhaben an seinem ewigen Sieg über alles, was sich gegen Gott auflehnt. Ich sehe viele Prediger auf dieser Welt, aber David ist von einer anderen Art. In seinem Handeln offenbart sich Gottes Berufung und Führung. Und deshalb kann dieses Buch vielen Menschen weltweit helfen. Dieses Buch kann uns allen helfen standhaft zu bleiben als Kinder Gottes.

David greift auch Themen wie Heilung und natürlich Errettung in das Reich Gottes mit auf.

Bischof Dr Eliah Mauza PhD
Pastor, Endtime Haverst Church
Präsident von The Global Revival Network –Afrika
Ostafrika Direktor von Proclaiming Justice to the Nations
USA Abgeordneter von AUGP (Academy Universal Global Peace)
Ehemaliger Schriftführer Dodoma Christian Denomination Unity

Vorwort

Fühlst du dich gefangen, gefesselt oder versklavt in unerwünschten Gewohnheiten? Oder bist du gegen eine Wand oder ein Hindernis gestoßen beim Gebet für Freisetzung von jemandem? Hast du den Verdacht, dass dämonische Aktivitäten im Spiel sind und fürchtest dich, dagegen vorzugehen? Dieses Buch wird dich ausrüsten und dir Zuversicht geben im Umgang mit solchen Herausforderungen. Du wirst herausfinden, was dich behindert und die Schlüssel bekommen, um den Durchbruch zu erreichen. Durch echte Beispiele wirst du sehen, wie gewaltig die Kraft von Jesus Christus ist, um Menschen freizusetzen und die Werke von Dämonen zu zerstören.

Der Inhalt dieses Buches richtet sich an beide Seiten: Die Person, die Befreiung braucht und diejenigen, die für Befreiung beten. Es ist auch sehr hilfreich für alle, die verstehen wollen, wie der Kampf in der geistlichen Welt aussieht.

Das Ziel ist, dass alle lernen, die Stellungen des Feindes in ihrem Leben zu erkennen, Freiheit zu erlangen und frei zu bleiben. Das soll kein umfassendes Werk sein.

Wir werden uns das große Bild der geistlichen Welt aus ewiger Perspektive ansehen. Was sind die Ziele der Gegenseite im geistlichen Kampf und wie werden diese Ziele erreicht? Wir werden biblische Begriffe definieren und Missverständnisse klären. Wir werden uns die Mittel ansehen, durch welche dämonische Geister Zugang zum Menschen erlangen und uns mit der Frage beschäftigen, ob wiedergeborene Christen auch betroffen sind oder nicht. Wir werden lernen, wie wir jegliche dämonische Einflüsse brechen können. Wir beleuchten, was oft geschieht, bevor Dämonen Zugang erhalten und wie wir das gezielt verhindern können. Flüche über Menschen, Länder und Gebäude werden ebenfalls behandelt, so wie der Einfluss, den dies hat und wie dieser gebrochen werden kann. Wir werden hervorheben, wie wir frei und sicher bleiben und auch das Thema innere Heilung anschneiden. Am Ende wird auch ein Kapitel der körperlichen Heilung gewidmet und wir sehen uns die Widerstände an, auf die wir dabei stoßen können. Das Ziel ist es, diese Hindernisse zu entfernen, damit wir frei sind, für die kranken Menschen zu beten.

Einleitung

Eine Frau wurde 20 Jahre lang alle paar Wochen mit Akupunktur gegen ihre starken Rückenschmerzen behandelt. Ohne die Behandlung durch die Nadeln war ein normales Leben nicht möglich für sie, weil die Schmerzen zu stark waren. Wir haben für sie gebetet und sie wurde von bösen Geistern freigesetzt. Sie tat Busse und bereute, dass sie in der Akupunktur Hilfe gesucht hat (später mehr zu dem Thema), gab ihr Leben Jesus und die Rückenschmerzen kamen nie wieder zurück. Sie brauchte nie wieder Akupunktur.

Das macht keinen Sinn, wenn es nur eine physische Welt ist!

Ich weiß von einem gläubigen Mann (mein eigener Vater), dem seine Gegner Gift in sein Getränk gemischt haben, das ihn getötet hätte, aber wirkungslos blieb, weil er glaubte, weil er den Worten aus Markus 16:18 glaubte: *„[…] wenn sie ein tödliches Gift trinken, wird ihnen das nicht schaden […]"*

Das macht keinen Sinn, wenn es nur eine physische Welt ist!

Einer meiner Freunde, der immer glücklich war, spielte einmal in seinem Leben mit einem Ouijabrett und von diesem Tag an war er schwer depressiv, bis er Busse tat und sein Leben Jesus übergab.

Das macht keinen Sinn, wenn es nur eine physische Welt ist!

Ich könnte noch viele weitere solche Beispiele aufführen.

Es ist wichtig, dass wir uns bewusst sind, dass wir es mit einer geistlichen Dimension zu tun haben, die wir nicht mit unserem natürlichen Verstand begreifen können.

„Wir aber haben diesen Geist erhalten – den Geist, der von Gott kommt, nicht den Geist der Welt. Darum können wir auch erkennen, was Gott uns in seiner Gnade alles geschenkt hat. […] Ein Mensch, der Gottes Geist nicht hat, lehnt ab, was von Gottes Geist kommt; er hält es für Unsinn und ist nicht in der Lage, es zu verstehen, weil ihm ohne den Geist Gottes das nötige Urteilsvermögen fehlt." (1. Korinther 2, 12 + 14)

Es gibt Menschen, die ein physisch psychologisches Problem haben, das ein Psychiater erklären und behandeln kann. Das gleiche Problem kann jedoch auch eine geistliche Ursache haben, in welchem Fall die gleiche Behandlung ohne Wirkung bleibt. Das liegt daran, dass der Ursprung des Problems an einer anderen Stelle ist. Dieses Buch befasst sich nicht mit dem Glauben an eine geistliche Sphäre, sondern setzt diesen voraus.

Es ist wichtig, dass wir nicht hinter jedem Busch einen Dämon erwarten, (was wiederum nicht bedeutet, dass nicht hinter einigen tatsächlich einer ist). Die Realität ist, dass da mehr vorhanden sind, als wir denken. Jeden, den ich bis jetzt getroffen habe, der im Befreiungsdienst tätig ist, würde dies bestätigen.

Es ist entscheidend, dass wir die Grundlagen der geistlichen Gesetze verstehen. Unwissenheit kann dich dein Leben kosten. Ob ein unwissendes Kind oder ein hochgebildeter Erwachsener mit einer Metallgabel in eine elektrische Steckdose sticht, ändert nichts am Ergebnis. Unwissenheit schützt dich nicht. Das Gleiche gilt in der geistlichen Welt. Deshalb ist es so wichtig, dass wir das Buch lesen, welches uns diese Wahrheiten lehrt – die Bibel.

KAPITEL 1

Fürchte dich nicht vor dem Kampf

1 – Mein persönliches Anliegen und Gedanken dazu

Mir ist es wichtig, mit ein paar persönlichen Gedanken anzufangen. Leider ist dieses Thema als Ganzes von gewaltigem Ausmaß und sehr komplex. Es ist überhaupt nicht mein Lieblingsthema und ich wünschte mir, ich hätte über ein angenehmeres und erfreulicheres Thema schreiben können. Ich wollte gar nicht so tief in so tiefgründige Sachen eintauchen, aber da ich vielen Menschen begegnet bin, die mit diesen heftigen Themen zu kämpfen hatten, entschied ich mich, um ihretwillen mich damit zu befassen. Wenn du sehr sensibel bist, empfehle ich dir, dass du das rausnimmst, was auf dich zutrifft und den Rest überspringst. Ich wünsche mir, dass es für die unterschiedlichsten Bedürfnisse relevant ist. Bitte behalte das im Hinterkopf, während du weiterliest.

Mein zweites großes Anliegen hat damit zu tun, dass dies ein sehr kontroverses Thema in unserer heutigen Gesellschaft ist. Einiges davon ist vielleicht neu für dich und manches kann dich verwirren oder gar schocken, einfach nur, weil du noch nie davon gehört hast. Bitte nimm das nicht zum Anlass, um alles andere auch abzuweisen, nur, weil du mit dem einen oder anderen Thema oder Methode nicht einverstanden bist. Mir ist durchaus bewusst, dass man sich dem Thema unterschiedlich nähern kann. Ich habe von vielen verschiedenen und erfahrenen Menschen aus verschiedenen Ländern gelernt, die schon sehr lange im Befreiungsdienst involviert sind. Aus der Perspektive einer praktischen Umsetzung dieses Dienstes scheint es ein allgemeines Verständnis für die Anwendung dieser Prinzipien zu geben.

Dieses Buch soll kein Rezept sein! Wir Menschen lieben Methoden und festgelegte Formeln, aber wir können Gott und die geistlichen Gesetze nicht in eine Box packen und denken, dass wir damit alles wissen, analysiert und abgedeckt haben. Wir dürfen nicht denken, dass wir einfach unser Handbuch nehmen und die Anweisungen entsprechend befolgen können. Ich hoffe, dass die Informationen in diesem Buch dir eine große Hilfe sein werden. Es gibt aber auch Themen und Bereiche, auf die ich absichtlich nicht zu spezifisch eingehe, weil das Potenzial für Missverständnisse zu groß ist.

Der ursprüngliche Grund, warum ich das gesamte Thema abdecken wollte, war, dass ich viele Fälle gesehen habe, wo die Nachsorge nach der Freisetzung vernachlässigt wurde und die Menschen nicht frei geblieben sind. Wenn es um ein Problem mit Okkultismus geht, dann würde ich sogar so weit gehen, dass es ohne Nachsorge fast nicht möglich ist, frei zu bleiben. Jemand, der von okkulten Geistern befreit wurde, hat mir das auch bestätigt. Ich glaube hingegen, dass jeder, der freigesetzt wurde, auch frei bleibt, wenn wir die Nachsorge ernst genug nehmen. In vielen Fällen habe ich die betroffene Person nicht mehr gesehen und ich wünschte, ich hätte ihm oder ihr noch Bücher empfehlen können, damit sie lernen, was sie als Nächstes tun sollen. Das war der eigentliche Grund, warum ich dieses Buch schreiben wollte.

Wir wachsen alle in diesem Dienst und haben nicht immer alle Antworten direkt zur Hand. In dem wir anfangen, das anzuwenden, was wir bereits wissen, sehen wir, wie Gott uns den nächsten Schritt aufzeigt.

Mein Herzensanliegen ist es zu sehen, wie Menschen freigesetzt werden und frei bleiben, denn ich glaube fest daran, dass Jesus genau dafür den Preis bezahlt hat.

2 – Auf siegreichem Boden

Mir ist es wichtig, dass wir zuerst das große Bild verstehen. Bevor wir das Thema genauer angehen, möchte ich, dass du verstehst, dass jeder, der bei Jesus Hilfe sucht, auf der Siegerseite ist. Als ich erlebt habe, wie mächtig der Name Jesus ist, war ich so erstaunt, dass ich es nie wieder vergessen konnte. Das erste Mal, dass ich dies persönlich erlebt habe, war in Afrika. Ich sollte an dem Tag predigen, was die dunklen Mächte wussten. Um etwa fünf Uhr morgens erlebte ich einen dämonischen Angriff. Das habe ich zuvor noch nie erlebt. Eine Vielzahl böser Geister kam durch das Fenster auf meiner rechten Seite in das Zimmer und näherte sich mir. Ich hörte, wie sie kicherten und lachten wie kleine Kinder. Da war ich hellwach. Das war kein

Traum. Ich konnte sie hören, als ob es ein menschliches Wesen wäre, das zu mir spricht, oder in diesem Fall kicherten sie. Sie griffen meine Gedanken an, bevor sie bei mir waren, und so konnte ich nicht mehr klar denken. Ich dachte, dass ich das Bewusstsein verliere. In diesem Moment erinnerte ich mich an die Geschichte eines Missionars, der etwas Ähnliches erlebte und dabei den Namen Jesus ausrief. Ich hatte gerade noch genug Zeit dafür, bevor ich ohnmächtig wurde oder was sonst geschehen wäre. Ich rief „Jesus!" Im gleichen Moment waren die bösen Geister weg und kamen nie wieder zurück. Das wirkte wie eine unglaublich starke Explosion. Alles war weg und die Luft war wieder rein. Mein Kopf und meine Gedanken waren augenblicklich wieder klar. Das Ganze dauerte ungefähr eine Sekunde. Es war so schnell. Ich war erstaunt, wie kraftvoll der Name Jesus ist im Vergleich zu dem des Feindes. Kein Dämon hat eine Chance gegen Jesus.

Egal wie viele Dämonen du in dir hast, Jesus kann dich freisetzen. Manchmal dauert es etwas länger, aber Jesus hat die Macht, dich freizusetzen!

Es gibt nichts, was wir fürchten müssen! Jesus ist größer und so viel stärker! Die bösen Geister haben keine Chance gegen ihn!

KAPITEL 2

Worum es wirklich geht

3 – Das große Bild: Der geistliche Kampf

Wir sind uns alle einig, dass ein geistlicher Kampf stattfindet. Es herrscht Krieg um die menschlichen Seelen auf der Erde. Der Teufel will möglichst viele von ihnen für die Ewigkeit mitnehmen und er kämpft unermüdlich um jede einzelne Seele. Unterstützt wird er dabei von seinen Dämonen, gefallene Engel, die zusammen mit ihm gegen Gott rebelliert haben (Jes 14,12-15; Hes 28,12-17).

Satan weiß sehr genau, dass Menschen in Sünde geboren werden und ihre einzige Hoffnung darin besteht, durch das Blut Jesu Christi reingewaschen zu werden und ihn als Retter und Herr in ihrem Leben zu akzeptieren. Der Teufel weiß, dass je mehr er von einer Person Besitz ergreifen kann, desto weiter kann er diese Person von Gott wegziehen und desto schwieriger wird es, Gottes Erlösung zu finden. Seine Methoden, um Menschen zu Sünden wie Geldgier, Sex, Macht, falsche Religionen und Glaubensgrundsätze zu verführen, bewähren sich schon seit Tausenden von Jahren. Durch all diese verschiedenen Sünden und falschen Ideen kann er dich dazu bringen, dich seiner Rebellion gegen Gott anzuschließen. Wenn du von diesen Sünden versklavt wurdest (*Jeder, der sündigt, ist ein Sklave der Sünde.* Joh 8,34), dienst du dem Teufel. Er ist dann dein Meister (Röm 6,16), unabhängig davon, ob du dir dessen bewusst bist oder nicht. Er geht so weit, wie er kann, bindet Menschen und tut sein Bestes, um möglichst viel des inneren Menschen (Seele und Geist) zu kontrollieren, wo er am meisten erreichen kann. Je mehr er dich gefangen nehmen kann, desto größer sind seine Erfolgsaussichten, dich auf ewig von Gott zu trennen. Sein Plan für dein Leben, solange du noch hier auf dieser Welt bist, ist, dass du ihn anbetest (*„Das alles will ich dir geben, wenn du dich vor mir niederwirfst und mich anbetest."* Mt 4, 9) und dass er dich benutzen kann, um andere zu zerstören.

Dies gilt insbesondere für Hexen, Satanisten, Götzendiener, Mörder, Diebe und dergleichen. Manche arbeiten bewusst für ihn, andere unbewusst.

Deshalb ist es so wichtig, dass wir verstehen, dass ein Mensch aus Körper, Geist und Seele besteht. Der Körper ist für uns am einfachsten zu verstehen, weil wir ihn physisch sehen und studieren können. Die meisten Kommentatoren sind sich einig, dass die Seele aus drei Bereichen besteht – die Gedanken, Emotionen und der Wille. Das ist schon ein riesiges Thema in sich selbst, welches wir nicht genauer untersuchen in diesem Buch. Der Teufel und seine Agenten (die Dämonen) werden versuchen, so viel von deinem inneren Wesen einzunehmen, wie sie können. Wenn sie das geschafft haben, kann nur noch Jesus Christus dich wieder freisetzen. Und darum geht es im Befreiungsdienst.

Ich werde anhand eines Beispiels zeigen, wie sich das auf eine einzelne Person auswirken kann. Eines Tages war eine Frau bei uns, die nach einem Besuch in einer Spiritisten Gemeinde mit einigen Dämonen zu kämpfen hatte. Wir sprachen über das, was sie erlebt hat und in dem Moment, als wir anfingen darüber zu sprechen, wie Jesus sie retten kann, schlief sie ein. Von einem Moment auf den anderen saß unsere Besucherin schlafend auf unserem Sofa. Warum? Die Dämonen haben dafür gesorgt, dass sie einschläft, damit sie nicht hört, wie sie freigesetzt werden kann. Als wir wieder über andere Dinge sprachen, war sie auf einmal wieder hellwach. In dem Moment, als wir wieder über Jesus sprachen, schlief sie wieder ein. Wenn ein Dämon eine Person so im Griff hat, ist es einfach für den Feind, seine Ziele zu verfolgen und die Person davon abzuhalten, errettet zu werden.

Ich möchte noch eine weitere Erfahrung beschreiben, die wir hatten, welche zeigt, wie der einzige Zweck der Dämonen ist, zu verhindern, dass jemand zu Jesus kommt und errettet wird. Meine Frau und ich saßen im Garten hinter dem Haus und hatten ein Skype Gespräch mit jemandem. Unsere Söhne spielten im Pool, während wir erklärten, wie er errettet werden kann. Sein Leben war ein großes Chaos und nur Jesus konnte ihm helfen. Er sagte jedoch geradeaus „Nein", er sei nicht bereit. Ich fragte, ob ich für ihn beten kann, was er akzeptierte. Ich fing an zu beten, doch nach und nach fing ich an, die Dämonen direkt anzusprechen und sie im Namen Jesu zu binden. Danach stellte ich ihm noch einmal die Frage, ob er sein Leben Jesus übergeben möchte. Dieses Mal war die Antwort „Ja" und wir durften ihn zum Herrn führen. Was machte den Unterschied? Die Dämonen, die ihn zurückhielten, wurden gebunden und konnten nichts mehr bewirken. Dämonen und ihre Aktivitäten machen nicht nur dein Leben schwer, sondern sie haben ein viel größeres Ziel, das bis in die Ewigkeit wirkt. Es ist wichtig zu verstehen, dass Gott jedem Menschen einen freien Willen gegeben hat. Nachdem die Dämonen gebunden waren, war die Person wieder frei, selbst zu entscheiden. Gott zwingt niemanden, zu ihm zu kommen, aber Dämonen halten Menschen davon ab, zu Gott zu finden. Wie in dem beschriebenen Beispiel können Dämonen einem Menschen den freien Willen nehmen, sodass er oder sie nicht mehr frei entscheiden kann.

4 - Begriffsklärung

Bevor wir das gesamte Thema bezüglich Freiheit von den Bindungen des Feindes im Leben ansehen, müssen wir die Grundlagen klären. Es werden verschiedene Begriffe verwendet und wir verstehen einzelne Begriffe unterschiedlich. Was meinen wir mit "er ist von einem Dämon besessen"? Oder „er braucht Befreiung"? Wovon braucht jemand Befreiung?

Es gibt drei Hauptkategorien:

Unterdrückung

Unterdrückung bedeutet, die Freiheit und Möglichkeiten einer Person in unterschiedlichem Masse niederzuhalten durch staatliche Grausamkeit und Ungerechtigkeit. Genauso wirken auch böse Geister in Menschen. Unterdrückung ist wahrscheinlich die mildeste Form von den dreien. Sie funktioniert als ein Angriff von außen. Der Feind drückt dich in einem Bereich deines Lebens herunter. Ich liebe den Vers aus Apostelgeschichte 10,38: *„Jesus von Nazaret wurde von Gott mit dem Heiligen Geist gesalbt und mit Kraft erfüllt und zog dann im ganzen Land umher, tat Gutes und heilte alle, die der Teufel in seiner Gewalt hatte; denn Gott war mit ihm."* Das griechische Wort für Unterdrückung bedeutet, Herrschaft über etwas ausüben. In der Sprache der Bibel bedeutet dies, dass böse Geister Herrschaft über eine Person ausüben. Gott sei Dank ist Jesus gekommen, um Menschen aus der Unterdrückung zu befreien!

Depression

Depression ist "emotionale und psychologische Unzufriedenheit durch negative Stimmungen und Gefühle, die keine Hoffnung im Leben zulassen". Natürlich kann das auch durch ein chemisches Ungleichgewicht verursacht werden. In vielen Fällen haben wir jedoch gesehen, dass die Quelle von Depressionen dämonisch war. Das ist der Fall, wenn Dämonen über einen bestimmten Bereich deines inneren Wesens die Kontrolle erlangt haben. In diesem Fall findet der dämonische Angriff im Inneren der menschlichen Persönlichkeit statt.

Ich erinnere mich an einen Straßenevangelisations-Einsatz, wo wir einem jungen Mann begegneten, der an ernsthaften Depressionen litt. Mir war schnell klar, dass es sich hier nicht um ein chemisches Ungleichgewicht handelte, sondern dass Dämonen dahinterstecken. Ich betete für ihn und trieb den Dämon auf der Stelle aus. Was danach geschah, habe ich noch nie zuvor bei Depressionen gesehen; er blieb noch einen Moment stillstehen und als er dann seine Augen öffnete, war er eine ganz andere Person! Er meinte, es fühle sich an, als ob er eben aufgewacht sei. Sein hell strahlendes Gesicht zeigte klar, dass der Dämon weg war und sich in seinem Inneren etwas grundlegend geändert hatte.

Besessenheit

Besessenheit deutet darauf hin, dass etwas komplett in Besitz genommen wurde. Wenn du von Dämonen besessen bist, dann bist du unter ihrer Kontrolle in bestimmten Bereichen deines Lebens. Dann haben sie einen starken Einfluss auf dich und können dich gegen deinen Willen kontrollieren. In diesem bestimmten Bereich hast du keine Wahl mehr, sondern gehorchst der Führung des Bösen. Das kann mit Pornografie zu tun haben oder sogar bis hin zu dem Impuls einen Mord zu begehen. Bevor die Dämonen Zugang zum Inneren des Menschen erhalten, findet ein bewusster oder unbewusster Vertragsabschluss statt, den wir später genauer beleuchten werden. Bei einer Besessenheit hast du bestimmte Bereiche deines Lebens dem Feind übergeben. Es gibt viele verschiedene Abstufungen von Besessenheit. Dir wird wahrscheinlich kaum ein so schwerer Fall begegnen, wie Jesus in Lukas 8,26-36/ (Mt 8,28-34). Menschen, die weniger stark betroffen sind, brauchen aber genauso Befreiung. Dämonen sind körperlose Wesen. Sie leben und wirken am effektivsten im Körper von jemand anderem, wo sie die Ziele ihres Herrn, Satan, verfolgen.

Der Begriff „von Dämonen besessen" kommt von Matthäus 8,28 oder 12,22. In manchen Bibel-Übersetzungen wird es als „von Dämonen besessen" übersetzt. Der griechische Ausdruck bedeutet jedoch nur „einen Dämon zu haben". Wenn „Besessenheit" übersetzt wird, kann das sehr schnell zu Missverständnissen führen, weil es den Eindruck vermittelt, dass die Dämonen die vollständige Kontrolle über einen Menschen haben. Jedoch selbst die stärksten Dämonen verfügen nie über die vollständige, permanente Kontrolle über ein Leben.

Manchmal ist es nicht möglich, klar zu unterscheiden, ob eine Person unterdrückt, depressiv, besessen, gebunden oder verflucht ist. Tatsache ist, dass sie mit Dämonen kämpfen und Befreiung brauchen. Wir müssen nicht immer alle Details vorab verstehen oder eine genaue Diagnose stellen. Wir sollten nie auf den Begrifflichkeiten beharren, da es die Bibel auch nicht tut. Auch wenn es sehr harsch klingt, so ist das Wort „dämonisiert" tatsächlich genauer in seiner Beschreibung. Es beinhaltet sämtliche Abstufungen, nicht nur die extremen Beispiele, von denen wir oft lesen oder hören.

Wenn wir also über Befreiung sprechen, dann meinen wir eine Freisetzung von jeglicher Form von dämonischer Gegenwart.

David Ohin

KAPITEL 3

Eindringen von bösen Geistern und Befreiung

5 – Überblick über wirksame Befreiung

Bevor wir die unterschiedlichen Schritte und Phasen analysieren, möchte ich aufzeigen, was die Hauptphasen im Prozess der Befreiung sind. Das hilft uns zu verstehen, was auf uns zukommt und warum jeder Schritt so wichtig ist.

1. Die Symptome machen den aktuellen Zustand sichtbar.

2. Zuvor war das Eindringen des Bösen.

3. Ungelöste Probleme des Herzens öffneten die Tür.

Die Arbeit oder Aktivität der Dämonen haben sichtbare Auswirkungen in deinem Leben und zeigen sich in bestimmten Symptomen. Zuvor wurde ihnen Zugang gewährt, was auf unterschiedlichste Weise geschehen kann (werden wir später thematisieren). Nun geht es darum, den bösen Geist zu vertreiben und die Eingangstür, durch die er gekommen ist, zu schließen. Noch besser ist es aber, wenn wir noch eine Phase früher handeln, bevor die Tür überhaupt geöffnet wird und Dämonen Zutritt erhalten. Am Anfang steht oft eine verbotene Handlung, die wiederum die Konsequenz von etwas ist, was in unserem Herzen nicht geklärt wurde. Da liegt das ursprüngliche Problem. Natürlich trifft das nur dann zu, wenn wir selbst den Dämonen Zugang gewährt haben und nicht in Fällen wie Generationenflüche (wo wir nichts mit der Ursache zu tun hatten und keine Kontrolle haben). Sprüche 4,23 lehrt uns diese grundlegende Wahrheit, dass alle Probleme, die wir im Leben haben, aus dem Herzen kommen. *„Mehr als alles andere behüte dein Herz; denn von ihm geht das Leben aus."*

So wie Firmen von ihrem Hauptsitz geführt werden, ist es auch mit unserem Leben: Unser Leben wird vom Herz geführt. Das Herz ist der Hauptsitz, die Zentrale unseres Lebens. Wenn im Hauptsitz etwas schiefläuft und falsche Entscheidungen getroffen werden, dann wird das gesamte Unternehmen verlieren und mit unangenehmen Konsequenzen konfrontiert sein. Das Gleiche gilt im Leben eines Menschen, wenn falsche Entscheidungen getroffen wurden.

In diesem Zusammenhang ist Leiterschaft sehr wichtig. Wir müssen herausfinden, was genau in unserem Herzen vorgeht. Wir müssen wissen, wer oder was unser Denken und Handeln beeinflusst und ob diese Einflüsse ausgetauscht werden müssen.

Wir wollen verhindern, dass ein Problem entsteht, welches einen Zugang schafft und deshalb ist es so wichtig, dass wir unser Herz sorgfältig behüten, wie es uns die Sprüche lehren. Dazu später noch mehr.

6 – Rechtliche Grundlagen oder Ansatzpunkte für den Eintritt von Dämonen

Es ist wichtig zu verstehen, dass Dämonen selbst nicht unbedingt das Problem sind. Dämonen sind die Konsequenzen. Eine Eigenschaft von ihnen ist, dass sie sehr legalistisch sind. Ihr Anspruch, in eine Person einzudringen, ist rechtlich geregelt. Ein Dämon braucht eine gesetzliche Grundlage, um von einer Person Besitz zu ergreifen. Deshalb ist es so wichtig, darauf zu achten, dass sie dieses Recht nicht bekommen, um frei zu bleiben. Dies werden wir später genauer beleuchten.

Es gibt vier Hauptkategorien von Geistern: sündige Geister, Geister der Vorfahren, okkulte Geister und verwundende Geister. Als Nächstes möchte ich ein paar Wege aufzeigen, wie Dämonen Zugang bekommen unter Berücksichtigung der eben erwähnten Kategorien.

Sündige Geister (alle Dämonen sind sündig)

Sünde ist ein Weg, wie wir Dämonen Zugang zu unserem Leben gewähren. Das heißt aber nicht, dass wir jedes Mal, wenn wir sündigen, einem Dämon die Tür öffnen. Es ist viel mehr die wiederholte Sünde, die wir nicht eingestehen und für die wir folglich keine Vergebung erhalten, die dazu führen kann, dass Dämonen Rechte über gewisse Bereiche unseres Lebens erhalten, die sie dann kontrollieren können. Wenn du zum Beispiel Zauberei betreibst oder ein Ouijabrett benutzt, dann wird das dein Leben beeinflussen, bis du Befreiung von Jesus erhältst.

Die Frage, die sich hier stellt, ist, warum Sünde das Tor für Dämonen öffnet. Es ist wichtig, dass wir beachten, dass Sünde Rebellion gegen Gott ist. Satan hat damit angefangen und wurde dadurch zu dem, was er ist. Sein Urteil steht bereits fest und er will, dass alle bei seiner Rebellion mitmachen und damit auch das gleiche Schicksal erleiden. Wenn wir sündigen, rebellieren wir nicht nur zusammen mit ihm gegen Gott, sondern wir beten ihn damit an. Wenn wir den Teufel anbeten, machen wir uns verletzbar ihm und seinen Dienern gegenüber. Wenn ein Geist durch eine bestimmte Sünde, wie zum Beispiel Pornografie, Zugang zum Inneren eines Menschen erlangt, dann kann er an der Stelle so viel Druck erzeugen, dass die Person nicht mehr in der Lage zu sein scheint, sich selbst zu kontrollieren. Die Versuchung wirkt dann sehr viel stärker. In den meisten Fällen merkt die Person nicht einmal, dass eine andere Macht mit am Werk ist und glaubt, selbst für den extremen Drang zu sündigen verantwortlich zu sein. Da sind auf einmal Gedanken, die du für deine eigenen hältst. Auf diese Art ist es sehr viel einfacher eine Person vom Weg abzubringen als bei einem Angriff von außen. Und nur Gott kann dich davon wieder freisetzen.

Verweigerung von Vergebung

Es ist unglaublich, wie viele Menschen damit kämpfen. Als Erstes müssen wir verstehen, dass Vergebung eine Entscheidung ist und einen längeren Prozess beinhalten kann. Weil Jesus dir alles vergeben hat (wenn du wiedergeborener Christ bist), ist das der Grund, warum du vergeben kannst. Er wünscht sich, dass du auch anderen Menschen vergibst. Matthäus 6,14-15 ist da unmissverständlich: *„Wenn ihr den Menschen ihre Verfehlungen vergebt, wird euer Vater im Himmel euch auch vergeben. Wenn ihr aber den Menschen nicht vergebt, wird euer Vater im Himmel euch eure Verfehlungen auch nicht vergeben."* Jesus selbst hat auf eindrücklichste Weise gezeigt, was Vergebung bedeutet, als er am Kreuz betete: *„Vater, vergib ihnen, denn sie wissen nicht, was sie tun."* (Lk 23,34) Genau wie Jesus können auch wir beten „Vater, vergib ihnen …". Wenn wir es nicht tun, handeln wir wie der Diener in Matthäus 18,23-35, der nicht vergeben wollte. Mangelnde Vergebung ist ein Türöffner für böse Geister.

Bitterkeit

Bitterkeit kann uns sehr einfach zugrunde richten und verursacht enorme Probleme, nicht nur in unserem Leben, sondern auch im Leben von anderen Menschen. *„Achtet darauf, dass niemand sich selbst von Gottes Gnade ausschließt! Lasst nicht zu, dass aus einer bitteren Wurzel eine Giftpflanze hervorwächst, die Unheil anrichtet; sonst wird am Ende noch die ganze Gemeinde in Mitleidenschaft gezogen. "* (Heb 12,15) Bitterkeit kann sowohl langsam als auch schnell wachsen und wenn wir es nicht verhindern, hat sie großes Potenzial, den Feind in unser Leben einzulassen.

Zorn

Wenn wir an unserem Zorn festhalten, öffnet dies die Tür für den Satan. Der Zorn selbst kann in manchen Situationen eine gerechtfertigte Reaktion sein. Ein Beispiel von kontrolliertem Zorn finden wir in Markus 3,5. *„Er sah sie der Reihe nach an, voll Zorn und zugleich tief betrübt über ihr verstocktes Herz. Dann befahl er dem Mann: „Streck die Hand aus!" Der Mann streckte die Hand aus, und sie war geheilt. "* In diesem Text heißt es, dass Jesus zornig und betrübt war, weil die Pharisäer ihre Herzen verstockten. Jesu Reaktion ist ein klassisches Beispiel für gerechtfertigte Entrüstung ohne Sünde.

Die gerechtfertigte Entrüstung von uns sündigen Sterblichen kann jedoch sehr schnell zu sündigem Zorn entgleisen. Deshalb warnt uns Epheser auch: *„Wenn ihr zornig seid, dann versündigt euch nicht. Legt euren Zorn ab, bevor die Sonne untergeht. Gebt dem Teufel keinen Raum in eurem Leben!"* (Eph 4,26-27) Wir sollen unseren Zorn nicht mit uns herumtragen und auch nicht schlecht gelaunt zu Bett gehen, weil es sonst sein kann, dass der Teufel unseren Zorn missbraucht.

Rebellion (Spr 17,11)

Rebellion ist bewusster Widerstand, der oft auf Ablehnung zurückzuführen ist, zum Beispiel, wenn jemand das schwarze Schaf in der

Familie ist. Rebellion steht in Verbindung mit Götzendienst. (*"Denn Ungehorsam ist wie die Sünde der Wahrsagerei, und Widerspenstigkeit ist wie Abgötterei und Götzendienst."* 1. Sam 13,23) Da sind Geister der Hexerei am Werk. Es gibt auch passiven Ungehorsam, wenn eine Person widersteht, es aber nach außen hin nicht zeigt. Die Haltung dieser Menschen ist "Ich mach's auf meine Weise und nach meinen Bedingungen" oder "ich tu's zu meiner Zeit" oder "ich mache es, wenn mir danach ist". Der Person fällt die eigene Rebellion gar nicht mehr auf, weil sie bereits zur Gewohnheit geworden ist. Dabei handelt es sich oft um selbstsüchtige und nicht besonders angenehme Personen.

Abtreibung

Ein großes Thema bei der Abtreibung ist die Frage, wann menschliches Leben anfängt. Da gibt es viel Verwirrung. Wir finden in den Medien viele verschiedene Meinungen dazu und derjenige, der hinter dieser Verwirrung steht, ist Satan. Er will, dass wir glauben, dass es sich nicht um einen Menschen handelt, der getötet wird, sondern um eine Sache, einen Fötus. Wenn man diesen Glauben erst einmal angenommen hat, ist es einfach, Säuglinge zu töten. Das menschliche Leben fängt jedoch im Moment der Befruchtung an. Alle anderen Argumente, welche die Befürworter hervorbringen, gründen in weltlicher Bequemlichkeit und nicht in der geistlichen Wahrheit. Es kommt nicht darauf an, wie weit der Körper entwickelt ist, denn die Seele und der Geist sind bereits in dem Menschen.

Viele Frauen, die ein Kind abgetrieben haben, leiden später unter qualvollen, stechenden Schmerzen, welche der Feind dafür benutzt, um sie zu verurteilen. Viele von ihnen kämpfen auch mit schrecklicher Schuld, welche sie für Jahrzehnte nicht loswerden können. Jedes Mal, wenn das Thema angesprochen wird, kommen tiefe Emotionen hoch, die sie in Verzweiflung stürzen.

Oft ist es so, dass die Mutter, welche eine Abtreibung hatte, Befreiung von einem Geist des Todes braucht. Wenn sie erneut schwanger wird, kann es sonst sein, dass das Neugeborene ebenfalls unter der Herrschaft des Todes steht. Das bedeutet, dass möglicherweise die Mutter und das Kind, welches später geboren wird, mit Gedanken von Suizid oder anderem, was mit dem Tod zu tun hat, kämpfen.

Das ist ein sehr heikles Thema! Sollte dies auf dich zutreffen, dann sollst du wissen, dass es einen Ausweg gibt. Wenn du von Herzen bereust, wird dich das Blut Jesu von jeder Schuld reinwaschen, deine Sünden vergeben und dich gerecht sprechen, als ob du nie eine Abtreibung gehabt hättest! Im Namen Jesu kannst du dann auch die Herrschaft des Todes brechen. Wenn du seit der Abtreibung bereits Kinder bekommen hast, kannst du (oder jemand anderes) auch für dich und dein Kind beten und die Macht ebenfalls über dem Leben deines Kindes brechen.

Geschlechtsverkehr

Geschlechtsverkehr außerhalb der Ehe widerspricht dem Gesetz Gottes. Etwas Bedeutsames geschieht beim Geschlechtsverkehr, was wir mit unseren Augen nicht sehen können. Eine geistliche Bindung, eine sogenannte „Seelenbindung" entsteht zwischen den beiden Personen. Die Verbindung ist nicht nur körperlich, sondern umfasst auch Geist und Seele. Die Bibel besagt, dass *„die zwei ein Fleisch werden"* (1. Mo 2,24/ Mt 19,5/ Mk 10,8/ 1. Ko 6,16/ Ep 5,31). Geschieht dies zwischen zwei verheirateten Personen, dann entsteht eine gesunde Verbindung, wie sie die Bibel vorsieht. Ein Mann und eine Frau werden zusammen verbunden als Eins. Wenn dies aber außerhalb der Ehe geschieht, handelt es sich um eine Bindung, die uns versklavt, eine ungesunde „Seelenbindung". Nach dieser spirituellen Transaktion kann dämonischer Einfluss buchstäblich auf die andere Person übertragen werden. Angenommen die Frau hatte zuvor ein Ouijabrett benutzt und hat dadurch unbeabsichtigt Dämonen in ihr Leben gelassen, dann kann dies beim Geschlechtsverkehr auf den Mann übertragen werden. „Bindungen" und „gebunden sein" (in diesem Fall Seelenbindungen) müssen immer durch das Blut Jesu Christi gebrochen und entfernt werden, um die Freiheit wieder zu erlangen.

Sexuelle Sünden

Es gibt verschiedene sexuelle Sünden, wie zum Beispiel Sex mit Tieren (Bestialität) oder mit nahen Verwandten (Schwester, Tochter, Bruder, Sohn, Schwiegermutter). Diese werden in 5. Mose 27, 21-23 oder 3. Mose 18,23 aufgeführt. Andere Sünden wie Sodomie oder jegliche Form von sexueller

Perversion, auch innerhalb der Ehe, kann Dämonen einen direkten Zugang verschaffen. Verwirrung bezüglich der eigenen Sexualität, vom gleichen Geschlecht angezogen werden, Impotenz oder sich als das andere Geschlecht ausgeben, können Folgen davon sein.

Sexueller Missbrauch, egal wie schwerwiegend, kann ebenfalls die Tür für Dämonen öffnen. Selbst wenn das Opfer noch ein junges Kind war und die Tat vergessen hat (kann zusammen mit anderen Ereignissen aus der Kindheit im Unterbewusstsein begraben sein). Die Dämonen vergessen jedoch nicht. Es kann in der Pubertät hochkommen oder sogar erst später, wenn er oder sie bereits verheiratet ist, und zeigt sich oft in großem Unbehagen oder gar Furcht vor einer normalen Beziehung. Oft wird nicht entdeckt, dass dies das Resultat von Missbrauch in der Kindheit ist. Menschliche Methoden wie Seelsorge können eine funktionsgestörte sexuelle Beziehung nicht verbessern, da die Wurzel ein geistliches Problem ist. Solche Methoden können kurzfristig helfen und Erleichterung bringen, aber sie können das Problem nicht langfristig lösen.

Unreine Filme/Bilder

Wenn du pornografisches Material oder einen Film über Hexerei ansiehst, dann ist das Tor deiner Augen weit offen und du kannst sehr einfach unbewusst dämonischen Einfluss hereinlassen. Viele Menschen wurden auf diesem Weg Opfer von Dämonen. Ich sage damit nicht, dass wenn du dich umschaust und unreine, schlimme Dinge siehst, ein Dämon in dich hinein schwebt. Wenn du dich dem aber hingibst und mit Begierde öffnest, dann wird es gefährlich.

Drogen/Alkohol

Zu einer Sucht können auch noch Dämonen dazukommen und das Problem verstärken. Ein gottesfürchtiger Prediger, den ich sehr respektiere, hat mir die Geschichte von jemandem erzählt, dem in einer Vision die Augen für die geistliche Welt geöffnet wurden. Er konnte sehen, wie ein Dämon einen Stecker in eine Steckdose steckte, die mit seinem Verlangen nach Alkohol verbunden war. Sobald er eingesteckt war, empfand er ein gewaltiges Verlangen nach Alkohol. Er war so geschockt davon, dass er das Problem an der Wurzel anpackte und seine Freiheit erlangte.

Gott wünscht sich für uns, dass wir klaren Verstandes sind und will nicht, dass Alkohol oder Drogen unseren Verstand reduzieren. *(Denn Gott hat uns nicht einen Geist der Ängstlichkeit gegeben, sondern den Geist der Kraft, der Liebe und der Besonnenheit. 2. Tim 1,7)*

Computerspiele

Das klingt vielleicht seltsam, aber okkulte Spiele können gefährlich sein. Wenn du dich mit einem falschen, trügerischen und sündhaften Charakter identifizierst, kann das Macht über dich haben. Es handelt sich dabei um eine lüsterne Vorstellung, wie wir sie in Matthäus 5,28 finden: *„Jeder, der eine Frau mit begehrlichem Blick ansieht, hat damit in seinem Herzen schon Ehebruch mit ihr begangen."* Indem du dich mit einer Figur identifizierst und dir wünschst, so zu sein oder diese Macht zu haben, kann das zu Sünde führen und den bösen Geistern einen Zugang zu deinem Leben verschaffen. Ich sage nicht, dass Computerspiele grundsätzlich die Tür für böse Geister öffnen. Doch gewisse Spiele in Kombination mit deiner eigenwilligen Fantasiewelt, im Sinne der eben genannten Schriftstelle, kann zu einem spirituellen dämonischen Eintrittspunkt werden.

Solche Sünden sind untrennbar mit Ereignissen verbunden, nach denen das Ganze eine geistliche Wende nehmen und das Dämonische aktivieren kann.

Wenn du dich an das Böse wendest, um zum Beispiel reich und erfolgreich zu werden, dann wirst du das auch bekommen. Der Preis dafür ist jedoch immer sehr hoch im Vergleich zum Nutzen. Die meisten würden auf diese „Vorteile" verzichten, wenn ihnen vorab bewusst wäre, wie hoch der Preis wirklich ist. Es ist wie das Kleingedruckte im Vertrag, dem du mit deiner Unterschrift zustimmst, aber von dem du nichts weißt. Auch in der geistlichen Welt ist es ein Vertragsabschluss und der Tag der Abrechnung kommt immer.

Süchte

Bei jeder Form von Abhängigkeit ist es wichtig herauszufinden, was die Wurzel dieser Abhängigkeit ist. Angenommen jemand versucht das Rauchen aufzugeben, aber der Grund für das Rauchen ist Ablehnung, dann macht es Sinn, erst dieses Thema anzugehen. Es gibt viele verschiedene Gründe wie Hass, Furcht, Kontrolle, Missbrauch, sexuelle Themen, Scheidung, Beziehungsprobleme etc.

Okkulte Geister

Diese Kategorie von Geistern ist meist sturer und stärker als die in den anderen Kategorien. Dies gilt besonders, wenn sich Menschen bewusst dem Teufel hingegeben haben als Hexe, Zauberer oder Satanist. Jeder Umgang mit diesen Geistern führt immer zu größerer und gefährlicherer Sünde. Sie fangen klein an und scheinen zu Beginn noch harmlos, aber sie werden dich immer dazu drängen, noch schlimmere und größere Sünden zu begehen. Je größer die Sünde, desto mehr Macht haben sie über dich.

Okkulte Organisationen

Die Freimaurer beten zum Beispiel einen Gott namens „Jahbulon" an, der die Namen von Baal und der Fruchtbarkeitsgöttin Ägyptens enthält. Freimaurerei gehört deshalb in die Kategorie „Götzendienst". Götzendienst ist Gott eine Abscheulichkeit. Die Zehn Gebote warnen uns, dass diese Sünden der Väter die Kinder bis in die dritte und vierte Generation heimsuchen werden (2. Mo 20,4-5). Die Mormonen, Scientology und andere okkulte Organisationen gehören ebenfalls in diese Kategorie. Auch wenn eine Person nie Teil einer solchen Organisation wurde, kann sie betroffen sein. Die Schwüre und Flüche, die sie ablegen, wenn sie solchen Organisationen beitreten oder an Aktivitäten teilnehmen, betreffen sie selbst und ihre Familien und geben den Dämonen freien Zugang.

Okkultismus

Dies ist ein sehr breiter Begriff. Es bedeutet grundsätzlich, dass eine Macht im Spiel ist, welche nicht Gott ist. Die Quelle der Macht ist folglich immer dämonisch. Das Wort „okkult" kommt von dem lateinischen Begriff „occultus", was so viel wie „versteckt, verborgen, heimlich" bedeutet. Genauso arbeitet der Satan in dieser Welt. Er möchte verborgen bleiben, damit niemand wahrnimmt, dass er tatsächlich existiert. Der Feind arbeitet im Geheimen und täuscht eine Vielzahl Menschen mit dem Okkulten. Wer einmal im Okkultismus gefangen wird, bleibt gebunden für den Rest des Lebens, es sei denn, Jesus befreit die Person. Nicht nur die Person selbst, sondern auch die Kinder können unter den Folgen leiden (2. Mo 20,5/ 34,7/ 4. Mo 14,18).

Wir sprechen hier von Dingen wie Hexerei, Yoga, Schwarze Magie, Weiße Magie, Voodoo, Kampfsportarten, Tarot Karten, Hellseherei, das Befragen der Geister von Toten, Wahrsagerei, New Age, Händelesen, Ouijabrett, Astrologie, Engelskarten und dergleichen.

Ich möchte an der Stelle gerne auf New Age und Yoga eingehen, da diese beiden sehr beliebt geworden sind. New Age kommt aus den Siebzigerjahren und hat zum Ziel, die Welt zu vereinheitlichen. Es ist der Glaube, dass alles Gott ist und Gott in allem ist (Pantheismus). Sie glauben an einen Universalismus (alle Religionen sind Wege zu demselben Gott und somit wird am Ende die ganze Menschheit gerettet). Dies steht natürlich im direkten Gegensatz zu dem, was die Schrift lehrt. *(„Ich bin der Weg", antwortete Jesus, „ich bin die Wahrheit, und ich bin das Leben. Zum Vater kommt man nur durch mich." Joh 14,6).* Der New Age Glaube ist im Grunde ein alter okkulter Glaube, der für eine moderne Praxis aktualisiert wurde.

Das Ziel von Yoga ist es, Selbstkontrolle zu erlangen, zu entspannen und die Gesundheit zu verbessern durch körperliche Übungen, die den Geist einschließen. Das Wort „Yoga" ist ein uraltes Wort aus der Hindureligion, das aus dem Sanskrit Wort „Yuj" abgeleitet wird, welches „teilnehmen", „unterjochen" oder „vereinigen" bedeutet. Die Anwendung von Yoga führt zu einer Verbindung mit einem Gott auf eine Weise, die dich ihm unterjocht. Diese Verbindung kommt zustande, wenn du deine individuelle Identität verlierst und eine universale erlangst. Die Bibel warnt uns davor. Wir sollen besonnen sein und unseren Verstand nicht leeren. Dazu gibt es einige Bibelstellen. Hier ein paar davon:

Seid besonnen, seid wachsam! Euer Feind, der Teufel, streift umher wie ein brüllender Löwe, immer auf der Suche nach einem Opfer, das er verschlingen kann. (1. Pet 5,8)

Bleibt wachsam und besonnen [...] (1. Pet 1,13)

Wir jedoch haben den Geist Christi bekommen, sodass uns seine Gedanken nicht verborgen sind. (1. Kor 2,16)

Yoga kann nicht von seiner hinduistischen Wurzel gelöst werden, so wie man einen Ast nicht von der Wurzel des Baumes trennen kann. Yoga wirkt harmlos auf den ersten Blick. Wenn du aber genauer hinsiehst und Nachforschungen anstellst, stellst du fest, dass Yoga geschickt getarnte Anbetung von Dämonen ist und nichts mit dem wahren Gott der Bibel zu tun hat.

Bei der biblischen Meditation, die viele Vorteile hat und dich dem allmächtigen Gott näherbringt, wird der Verstand bei der Auseinandersetzung mit der Schrift ganz bewusst aktiviert. Wenn du einen Vers aus der Bibel nimmst, ihn wiederholt durchliest, betest, darüber nachdenkst und ihn in Gedanken immer wieder durchgehst, fokussierst du deine Gedanken anstatt sie zu entleeren.

„Und noch etwas, Geschwister: Richtet eure Gedanken ganz auf die Dinge, die wahr und achtenswert, gerecht, rein und unanstößig sind und allgemeine Zustimmung verdienen; beschäftigt euch mit dem, was vorbildlich ist und zu Recht gelobt wird." (Phil 4,8)

Am Ende des Buches findest du eine ausführliche Liste, wenn du mehr über solche potenziellen Gefahren wissen möchtest. (Es ist wichtig, dass du verstehst, dass das hier keine Gebrauchsanweisung ist, wo das Befolgen gewisser Regel immer zum gleichen Resultat führt. Es gibt gewisse Grundsätze, aber die Auswirkungen und das Ausmaß der Gefahr kann stark variieren.) Bei vielen von diesen Sachen wie der Gebrauch von Tarot Karten, der Besuch eines Mediums oder Hexerei reicht es, wenn du einmal daran teilgenommen hast, um Dämonen Zugang zu einem Bereich deines Lebens zu geben. Selbst wenn du bei Spielen wie Dungeons & Dragons, Tische-Rücken oder abergläubischen Mutproben wie „Bloody Mary" nur zum Spaß mitmachst, kann es sehr gefährlich werden. Es gibt aber auch Dinge, die dich nicht direkt beeinflussen, sondern erst, wenn du es in deinem Herzen akzeptierst und dich dem hingibst. Es macht auch einen Unterschied, ob du etwas selbst praktizierst oder zu jemandem gehst, oder jemand zu dir kommt und die Person es an dir praktiziert. Nach geistlichen Gesetzen macht es nur einen Unterschied, wenn jemand zu dir kommt und zum Beispiel anfängt deine Zukunft vorherzusagen. Mir ist das einmal auf der Straße geschehen. Du hast die Wahl, das, was der Wahrsager über dich sagt, zu akzeptieren oder abzuweisen. Nur wenn du es akzeptierst, bekommt das Gesagte Autorität über dich. Vieles von dem, was Wahrsager behaupten, kann wahr sein, zum Beispiel in Bezug auf Ereignisse oder aktuelle Lebenssituationen. Die bösen Geister wandern durch die Welt und studieren und beobachten Menschen, weshalb es für sie einfach ist, solche Dinge zu wissen. Oft sind da aber auch noch Anteile vom Plan des Teufels für dein Leben. Es kann sein, dass er sagt: „Ich sehe einen Autounfall auf dich zukommen", oder „deine Ehe wird auseinanderbrechen", oder „du wirst krank werden" und Ähnliches. Wenn du in deinem Herzen das Gesagte als wahr akzeptierst, dann bekommt der Feind offiziell das Recht, es geschehen zu lassen. Lehnst du es aber ab, bist du in Sicherheit.

Ich kann hier nicht zu jedem Punkt der Liste am Ende des Buches ein Beispiel geben. Wenn du aber das Prinzip verstanden hast, dann kannst du selbst einschätzen, wo es gefährlich wird. Der beste Rat, den ich dir aber geben kann: Lass die Hände davon und spiel nicht mit dem Feuer, damit du dich auch nicht verbrennst.

Alternative Medizin

Dieses Thema gehört ebenfalls in den Bereich des Okkulten, aber damit es nicht untergeht, will ich es hier extra behandeln.

Eine Frau, die eine sehr schwierige Kindheit hatte, bekam auf einmal chronische und schwächende Rückenschmerzen. Da sie Gott und seine Hilfe ablehnte, wandte sie sich stattdessen an einen Heiler. Die Schmerzen waren nach der Behandlung mit Heilsteinen weg. Typisch für den Teufel, der für die Schmerzen verantwortlich war, traten sie anschließend in einem anderen Bereich ihres Lebens auf, ihrem Verstand. Es folgte ein schneller, geistiger Verfall. Erst zu einem späteren Zeitpunkt fiel ihr auf, was New Age Praktiken und Scientology für Auswirkungen auf ihr Leben hatten und wie sie dem Feind damit die Möglichkeit geboten hat, ihren Zustand auszunutzen. Sie verlor die Fähigkeit klar zu denken, ihr Gedächtnis und ihre Gedanken wurden ernsthaft verzehrt. An dem Punkt griff Gott ein und überführte sie mit der Wahrheit. Sie hatte genug gesunden Menschenverstand, um ihre Sünden zu bereuen und mit ihren Verbindungen zu New Age und Scientology zu brechen. Als Rache dafür kehrten die Rückenschmerzen zurück. Der Herr war jedoch gnädig und heilte sie davon. Die Macht des Feindes wurde gebrochen und sie gab ihr Leben dem Herrn. Ihr Rücken wurde vollständig geheilt. Sie ist gesund und erlebt immer mehr Heilung durch ihre Beziehung zu Gott. Viele, wenn sie krank werden, gehen erst zum Arzt und wenn das nicht hilft, suchen sie nach alternativen Wegen. Wenn du ernsthaft krank oder in großen Schmerzen bist, dann bist du bereit, Dinge auszuprobieren, die dir sonst nicht einfallen würden. Viele Alternativen sind völlig in Ordnung, harmlos und effektiv, aber es gibt auch viele Wege, die gefährlich sind und nicht sicher für deine Seele. Sie scheinen am Anfang vielversprechend und können sogar zu einer Besserung führen. Der Preis, den du am Ende bezahlst, ist aber in der Regel viel zu hoch. Eine sehr beliebte Methode ist Akupunktur. Das kommt aus dem alten China und wurde von taoistischen Priestern oder Ärzten, die tief in der heidnischen Religion Taoismus verwurzelt waren, entwickelt. Die Tatsache, dass es funktioniert, bedeutet noch lange nicht, dass es richtig und sicher ist. Das Gefährliche ist der geistliche Nebeneffekt. Mir wurde erklärt, dass es auch eine rein wissenschaftliche Anwendung von Akupunktur gibt, die nicht mit dem Geistlichen verbunden ist. Diese Methode ist hingegen weniger wirksam, was klar darauf hinweist, wie relevant das Geistliche für die Wirksamkeit von Akupunktur ist. Es ist nicht immer einfach, die beiden voneinander zu unterscheiden.

Viele wenden diese Methoden an, ohne sich bewusst zu sein, welche Mächte hinter der angebotenen Behandlung stecken. Ihre Integrität wird nicht infrage gestellt. Sie meinen es gut und haben gesehen, dass es funktioniert. Ich habe viele Menschen erlebt, die körperliche Heilung aus solchen Quellen erhalten haben, doch dann auf einmal an schweren Depressionen litten, und ihr Leben fing an, an verschiedenen Stellen auseinanderzufallen. In anderen Fällen kam ein Geist der Gebrechlichkeit in ihr Leben und verursachte viele andere Krankheiten. Viele von ihnen erleben innere Folter und können nur noch von Jesus freigesetzt werden.

Vergiss nicht, wie der Feind arbeitet und dass seine Ziele für dein Leben bis in die Ewigkeit reichen.

Wenn jemand auf einem solchen Weg geheilt wurde und dadurch Dämonen in sein Leben gelassen hat, anschließend zu Jesus kommt und errettet wird, seine Sünden bereut (auch die Sünde beim Teufel nach Hilfe gesucht zu haben), kommt die ursprüngliche Krankheit oft sofort und in voller Wucht zurück. Doch die Macht des Feindes ist gebrochen und Gott kann echte Heilung bringen.

Bei manchen Heilungsmethoden scheint zu Beginn nichts falsch zu sein, aber wenn du genauer hinschaust und recherchierst, entdeckst du unerwartete Dinge, von denen du vorher nichts wusstest. (Mehr dazu findest du in der Liste am Ende des Buches.)

Geister der Vorfahren

Sünden von Generationen

Sünden von Generationen können von vorangehenden Generationen stammen (2. Mo 20,5/ 34,7/ 4. Mo 14,18). Sie können bereits im Mutterleib übertragen werden. Es ist das Resultat eines sündigen Lebensstils oder sündigen Taten von jemandem, der zuvor gelebt hatte. Gott ist nicht ungerecht, aber ein sündiger Lebensstil wird tief in die Zellen und Gene eingraviert.

Uns sind Familien bekannt, wo die Eltern eine bestimmte Sucht mit offensichtlichen, schwerwiegenden Konsequenzen hatten. Die Kinder hassten es und wollten auf keinen Fall so enden wie die Eltern. Nach ein paar Jahren fanden sie sich jedoch auf dem gleichen Pfad.

Ich weiß, dass das unfair scheint, aber wir können es täglich sehen. Wir alle leiden in gewissem Masse unter verschiedenen Konsequenzen des sündigen Verhaltens von anderen Menschen. Das liegt daran, dass wir in einer gefallenen Welt leben. Wir kennen Fälle, wo ein Kind mit einer Krankheit zu Welt kommt, die von den Eltern vererbt wurde. So wie das in der sichtbaren Welt geschieht, kann es auch in der geistlichen Welt der Fall sein.

Die Bibel lehrt uns jedoch auch, dass Segen für tausend Generationen weitergegeben werden kann. *„So erkenne nun, dass der HERR, dein Gott, der wahre Gott ist, der treue Gott, der den Bund und die Gnade denen bewahrt, die ihn lieben und seine Gebote bewahren, auf tausend Generationen."* (5. Mo 7,9) Gottes Wunsch ist es, dass wir alle frei und errettet sind. Sein Wort lehrt uns klar, wie dies geschieht. Gottes Herzenswunsch ist es, zu vergeben und Gnade zu zeigen und uns von all diesen Konsequenzen freizusetzen. Da setzen Befreiungsdienst und innere Heilung an (was wir später genauer ansehen werden).

Verwundende Geister

Trauma/ Schock

Das klingt vielleicht seltsam, aber böse Geister können durch traumatische Ereignisse oder Schock in ein Leben eindringen. Ein Trauma öffnet oft die Tür für das Dämonische, das den Schmerz und die große Verletzlichkeit in dem Moment ausnutzt. Deshalb können manche Menschen traumatische und schmerzhafte Erlebnisse nicht überwinden. Es ist wie eine körperliche Wunde. Die Wunde wird verunreinigt, was zu einer Infektion führen kann. Diese wiederum kann, wenn sie ins Blut gelangt, tödlich sein. Es kann mit einer kleinen, emotionalen Wunde anfangen, welche die bösen Geister hereinlässt, ihnen gestattet, Einfluss zu haben und dafür sorgt, dass die Wunde nicht heilen kann. Nicht selten kann ein Trauma auch in der Kindheit oder sogar noch im Mutterleib geschehen. Wir leben in einer gefallenen Welt, wo Satan regiert, der mit sehr fiesen Waffen kämpft und jeden Menschen ausnutzt, der unter seinen Einfluss kommt.

In Gottes Liebe sind wir sicher und wenn wir seine Waffenrüstung tragen, kann uns nichts geschehen, auch in Situationen, die zu Trauma oder Schock führen.

„Deshalb greift zu allen Waffen, die Gott für euch bereithält! Wenn dann der Tag kommt, an dem die Mächte des Bösen angreifen, ʹseid ihr gerüstet undʹ könnt euch ihnen entgegenstellen." (Eph 6,13)

Ablehnung/Verletzung/ Missbrauch

Viele kämpfen mit dem Gefühl der Ablehnung. Personen, deren Zeugung als „Unfall" bezeichnet wird, kämpfen oft besonders mit Ablehnung. Babys, die eine Abtreibung überleben, fühlen oft auch so. Ablehnung ist eine Form von Missbrauch. Menschen, die missbraucht wurden, haben ein sehr geringes Selbstwertgefühl. Es würde keinen Sinn machen, wenn keine geistliche Welt und keine geistlichen Gesetze dahinterstehen. Missbrauch, Verletzung und Ablehnung können ein Türöffner für den Feind sein, um eine Person auszubeuten und viel Schmerz und Qualen im Leben zu verursachen. Auch wenn es nicht die Schuld der Person ist, die missbraucht wurde, braucht diese leider trotzdem Befreiung aufgrund der Taten des Missbrauchenden.

Wird eine Frau schwanger und will das Kind nicht, dann lehnt sie es bereits im Mutterleib ab. Der Geist/die Seele des Kindes kann diese Ablehnung spüren. Es ist entscheidend, dass wir die geistliche Dimension verstehen, um das wirkliche Problem eines Menschen zu erfassen. Dazu kommt die Tatsache, dass wenn die Mutter das Kind ablehnt, der Feind es für sich in Anspruch nimmt. Er weiß genau, dass je früher er die Kontrolle über ein Leben erlangt, desto schwieriger wird es für die Person eines Tages zu Jesus zu kommen. Deshalb ist es so wichtig, dass Eltern ihre geistliche Verantwortung ernst nehmen und ihr Kind schützen, denn der Feind sucht sich immer die Schwächsten als Opfer aus. Eltern tun dies, indem sie ihr Kind vollkommen akzeptieren und bedingungslos lieben ungeachtet von Geschlecht und Persönlichkeit und, dass sie ihr Kind mit Respekt und göttlicher Disziplin erziehen.

Über dieses Thema könnte man ein eigenes Buch schreiben. Viele Menschen kämpfen mit Ablehnung und interpretieren andere und ihr Verhalten stets durch die Brille der Ablehnung. Dadurch erlangen sie ein falsches und verzerrtes Bild. Die Wurzel dessen kann meist auf eine Situation zurückgeführt werden, wo sie von jemandem verletzt wurden. Ungeachtet dessen, ob die Person es absichtlich getan hat oder nicht, bleibt die Tatsache, dass du verletzt wurdest. Ich kenne einen Jungen, welcher als er ungefähr vier Jahre alt war, von anderen Kindern wiederholt tief verletzt wurde. Daraufhin hat er angefangen, eine Mauer um sich zu bauen. Wann immer ihn jemand korrigieren möchte, fühlt er sich angegriffen und abgelehnt. Das ist eine Verteidigungsstrategie. Es ist unerlässlich, dass man sich der Situation erneut stellt, den Menschen vergibt und Jesus bittet, die Wunde zu heilen. Das ist innere Heilung, was wir später anschauen werden.

7 – Können Christen Dämonen haben?

Christen sind geteilter Meinung darüber. Lasst uns die Frage noch etwas zuspitzen: Können Christen gleichzeitig den Heiligen Geist und Dämonen in sich haben? Das klingt natürlich völlig unmöglich.

Das Problem ist, dass es die falsche Frage ist. Als Erstes sollten wir uns anschauen, was wir den eigentlich mit der Frage „ob Christen Dämonen haben können" meinen. Sind Dämonen in unserem Geist oder unserer Seele, oder in unserem Körper, zwischen unserer Seele und unserem Körper oder zwischen unserem Geist und unserer Seele? Das müssen wir zuerst verstehen, ansonsten wird die Antwort keinen Sinn machen.

Es ist das Gleiche, wenn wir sagen, dass Christen nicht krank werden können, weil sie den Heiligen Geist haben. Der Heilige Geist ist der Stellvertreter Jesu hier auf Erden. In ihm ist Macht, Heilung etc. Wenn er in Christen lebt, dann ist die Frage berechtigt, wie in dem gleichen Körper der Heilige Geist und Krankheit wohnen können. Und trotzdem sind wir uns einig, dass Christen krank werden können.

Die Bibel lehrt uns, dass wenn wir unser Leben Jesus übergeben, neu geboren und eine neue Schöpfung werden. („*Vielmehr wissen wir: Wenn jemand zu Christus gehört, ist er eine neue Schöpfung. Das Alte ist vergangen; etwas ganz Neues hat begonnen!" 2. Kor 5,17*). Das Alte ist vergangen. Gott sei Dank! Das sind großartige Neuigkeiten! Zuvor war dein Geist tot, aber jetzt lebst du (Eph 2,1/ 2,5). Wir sollten jedoch nicht vergessen, dass es noch andere „Räume" in einem menschlichen Wesen gibt, die ebenfalls verändert und erneuert werden müssen. Damit gemeint sind der Wille, der Verstand und die Emotionen. Römer 12,1-2 weist uns darauf hin, dass diese Räume ebenfalls verändert und verwandelt werden müssen. Das ist ein andauernder Prozess und, auch wenn wir uns das wünschen, geschieht es nicht so schnell, wie wenn wir errettet werden und der Geist in unser Leben kommt. Es gibt noch andere Räume, wo sich böse Geister verstecken können.

Wenn du einen Dämon in deinem Leben hast, dann ist das wie eine „geistliche Fehlerquelle". Es verursacht Druck und Probleme in deinem Leben und bläht sie auf, sodass es schwierig wird, sie zu überwinden. Böse Geister können nicht von einem Christen Besitz ergreifen. Dein Geist ist mit dem Heiligen Geist versiegelt bis zum Tag der Erlösung (Eph 1,13/ 4,30). Vergiss nicht, dass „besessen sein" bedeutet „eingenommen und in Besitz sein". Christen gehören Gott, weil Jesus uns mit seinem Blut erkauft hat. Im 1. Korinther 6,19-20 heißt es:

„Habt ihr denn vergessen, dass euer Körper ein Tempel des HEILIGEN GEISTES ist? Der Geist, den Gott euch gegeben hat, wohnt in euch, und ihr gehört nicht mehr euch selbst. Gott hat euch als sein Eigentum erworben; denkt an den Preis, den er dafür gezahlt hat! Darum geht mit eurem Körper so um, dass es Gott Ehre macht!" (Hervorhebung des Autors)

Jesus hat für unseren Körper, Geist und Seele bezahlt, damit wir ihm gehören. So wie jedoch Bazillen und Viren in unseren Körper eindringen können, für den Jesus bezahlt hat, so können wir auch zulassen, dass Sünde und ihre rechtlichen Konsequenzen in unsere Seele und unseren Körper kommen. Auf die gleiche Weise wie Viren oder Bakterien können wir auch einen Dämon in uns als „Untermieter" haben. Anders gesagt, wenn wir die Tür für böse Geister öffnen, dann können sie eintreten und in Bereiche unseres Lebens eindringen. Das bedeutet, dass dämonische Mächte über bestimmte Bereiche unseres Lebens die Kontrolle übernehmen. Wir wollen zwar immer noch die Kontrolle behalten, aber da der Druck so hoch wird, können wir das nicht mehr. Wir haben die Kontrolle verloren. Wenn du ein Haus mit zehn Zimmer besitzt und eines davon untervermietest, dann bedeutet das nicht, dass der Untermieter dein Haus besitzt. Es bedeutet, dass er dieses eine Zimmer bewohnt und dort Chaos anrichten kann, was du schwer kontrollieren kannst. Du kannst das Zimmer immer wieder aufräumen, aber wenn sich der Untermieter entschieden hat, es wieder zu verwüsten, dann wird er das auch tun. Egal wie oft du das Zimmer wieder aufräumst, nachdem es verwüstet wurde, du hast ein andauerndes Problem, weil der Untermieter unordentlich ist. Der einzige Weg, wie du das Problem lösen kannst, ist, indem du den Untermieter rauswirfst. Wir können also sagen, dass der Geist eines Christen nicht von bösen Geistern übernommen werden kann, trotzdem aber in manchen Bereichen des Lebens Dämonen sein können. Ich bin vielen begegnet, die klar wiedergeboren waren und durch die Macht Gottes verwandelt wurden und trotzdem noch Probleme in ihrem Leben hatten, die sie nicht lösen konnten, weil jemand anderes die Kontrolle hatte. Diese bösen Geister kamen oft entweder bevor sie ihr Leben Jesus übergaben oder wurden durch vorangehende Generationen vererbt. Manchmal werden die Dämonen schwächer, nachdem die Person Christ wurde, aber in der Regel gehen sie nicht freiwillig. Sie müssen immer noch ausgetrieben werden. Wir können also zusammenfassend klar sagen, dass manche Christen immer noch in gewissen Bereichen ihres Lebens Befreiung brauchen.

Manchmal kannst du so viel Seelsorge und Ermutigung bekommen, wie du willst, aber du kämpfst weiterhin mit gewissen Themen in deinem Leben, weil da eine dämonische Macht dahinter ist, die verhindert, dass du siegst, und die ausgetrieben werden muss.

KAPITEL 4

Seelenverbindungen und Flüche

8 – Ungesunde Seelenverbindungen

Ungesunde Seelenverbindungen können auch ohne sexuelle Sünde zum Beispiel in einer Eltern-Kind-Beziehung entstehen. Um zu unterscheiden, ob es sich um eine gesunde oder ungesunde Bindung handelt, ist entscheidend zu beachten, ob du darin nach biblischem Verständnis frei leben kannst oder an die Meinung anderer Menschen gebunden bist. Dies kann sogar zwischen einem Pastor und einem Mitglied der Gemeinde geschehen.

Ich traf mal eine Frau, die sich einfach nicht von ihrem missbrauchenden Partner lösen konnte. Das macht aus natürlicher Sicht keinen Sinn, aber in der geistlichen Welt ist es verständlich. Eine ungesunde Seelenbindung ist zwischen den beiden entstanden. Wenn man diese ungesunden Seelenbindungen zwischen zwei Menschen im Namen Jesu bricht, dann findet sofort eine spirituelle Transaktion statt. Manchmal kann das die andere Person direkt spüren.

Deine Seele kann sogar mit einer toten Person verbunden sein. In dem Fall kannst du sie oder ihn einfach nicht gehen lassen. Du leidest dadurch viel mehr als nötig. Es gibt auch Seelenverbindungen zu Idolen, pornografischen Bildern oder sogar zwischen einer Tätowierung und dem Tätowierer.

9 – Wie Flüche identifiziert werden (5. Mose 28)

Als Erstes ist es wichtig zu beachten, dass es für einen Fluch auch eine Ursache gibt.

Wenn wir von Flüchen reden, dann handelt es sich um sich wiederholende Muster wie chronische Krankheiten. Wenn zum Beispiel jemand immer wieder Zusammenbrüche erlebt, einschließlich zerbrochener

Ehen, dann kann dahinter ein Fluch stehen. Weitere Beispiele, hinter denen ein Fluch liegen kann, sind wiederkehrende Gedanken von Suizid, finanzielle Rückschläge, auch wenn man sich sehr um Erfolg bemüht hat oder wenn eine Frau immer wieder Fehlgeburten erleidet. Des Weiteren neigen manche Menschen zu Unfällen oder ziehen Krankheiten magnetisch an, was ebenfalls die gleichen Ursachen haben kann.

Ich kenne jemanden, der sieben Autounfälle hatte. Wie du dir vorstellen kannst, fuhr er nach dem ersten sehr vorsichtig und trotzdem konnte er weitere Unfälle nicht verhindern. Nach einer Weile verstand er, dass ihn jemand absichtlich verflucht hatte. Nachdem dieser Fluch gebrochen wurde, hatte er keine weiteren Unfälle.

10 – Ursachen von Flüchen

Es ist wichtig zu verstehen, dass Flüche nicht von Gott auferlegt werden. Er hat jedoch die geistlichen Gesetze aufgestellt, die richtig und gerecht sind. Wenn wir dagegen verstoßen, verletzen wir uns. Es ist wie, wenn wir bei Rot über die Straße fahren und einen Unfall haben. Fassen wir auf die heiße Herdplatte, verbrennen wir uns. Springen wir von einer Brücke, können wir uns ernsthaft verletzen. Liegen wir zu lange in der Sonne, bekommen wir einen Sonnenbrand. Diese Konsequenzen werden uns nicht von Gott aktiv auferlegt, weshalb wir Gott auch nicht die Schuld dafür geben können. Mit Flüchen ist es ähnlich.

Es gibt viele verschiedene Ursachen für Flüche. Nur ein paar Beispiele:

Gesprochene Worte

Oft werden Flüche bewusst oder unbewusst ausgesprochen. Eine Frau, die ich kenne, hasste ihre Eltern und wünschte ihnen eine schmerzhafte, chronische Krankheit. Sie sprach diesen Wunsch immer wieder laut aus. Und genau das ist ihren Eltern widerfahren. Sprüche 18,21 warnt uns: ***„Tod und Leben steht in der Gewalt der Zunge, und wer sie liebt, der wird ihre Frucht essen.“*** Unsere Worte haben Macht. Mit unserer Zunge können wir Menschen segnen und verfluchen. Das trifft auch auf uns selbst zu. Viele Menschen verfluchen sich selbst, in dem sie Dinge sagen wie: „Ich bin nichts wert" oder „die Welt wäre besser dran ohne mich" oder „ich werde nie etwas erreichen im Leben". Ein anderer Weg ist, wenn zum Beispiel Eltern oder Lehrer über ein Kind aussprechen „du bist dumm" oder „du kannst nichts richtigmachen" oder „du wirst nie etwas erreichen im Leben" oder „du bist ein Problem und eine Last". Ich habe persönlich Erwachsene gesehen, die von solchen negativen Prophezeiungen, die von Eltern und Lehrern in ihrer Jugend ausgesprochen wurden, stark betroffen waren. Manchen von ihnen ist genau das widerfahren, was über sie ausgesprochen wurde, weil sie es glaubten und annahmen. In vielen Fällen leiden die Betroffenen an Minderwertigkeitskomplexen oder haben sogar suizidale Tendenzen. Sie haben den Worten, die über sie ausgesprochen wurden, geglaubt und für sich angenommen, wodurch der Fluch sich in ihrem Leben entfalten konnte.

Das Ermutigende ist, dass wir nach dem gleichen Prinzip Menschen segnen, stärken und aufbauen können, indem wir Leben und Segen über sie aussprechen.

Innere Schwüre

Auf diese Art verfluchen wir uns selbst. Der Ursprung liegt oft in einer schlimmen Lebenssituation, die du nie wieder erleben möchtest. Du entscheidest dich, dich selbst davor zu schützen, dass sich das Erlebte wiederholen könnte. Du machst daraufhin einen inneren Schwur, indem du Dinge sagst wie:

„Alle, die mir nahestehen, haben mich verletzt. Ich lasse nie wieder jemanden an mich heran!",

„Ich habe so oft versagt. Es wäre besser, wenn ich tot wäre!",

„Diese riesige Dummheit werde ich mir nie verzeihen!",

„Ich werde nie heiraten, denn alle Männer sind schlecht!"

Geistlicher Angriff

Dies ist der Fall, wenn dich eine Hexe oder ein Satanist verflucht. In diesem Fall sind immer böse Geister involviert. In Afrika ist das sehr weit verbreitet. In Europa kann es aber genauso vorkommen, wobei es oft nicht so offensichtlich ist. Der größte Unterschied liegt darin, dass die Menschen in Afrika sehr vertraut damit sind und in Europa nicht. Ich könnte ein ganzes Buch mit Beispielen von dämonischen Angriffen und Flüchen füllen. Nicht nur über die Angriffe, von denen ich gehört oder welche ich gesehen habe. Aber auch über Gottes wundersame und übernatürliche Bewahrung von solchen Versuchen, wo sogar Engel in meiner eigenen Familie involviert waren.

Götzendienst

Die Bibel lehrt uns, dass Götzendienst einen Fluch in das Leben einer Person bringen kann (5.Mo 27,15/ 29, 18-20). Solche Flüche werden meistens von Krankheit begleitet. Götzendienst kann sehr unterschiedlich aussehen. Es muss nicht nur die Anbetung einer Statue oder der Sonne oder anderem sein, sondern kann auch eine Buddhafigur oder Ähnliches in deinem Wohnzimmer sein, von dem du Hilfe oder Schutz erhoffst.

Verfluchte Gegenstände

Gegenstände, die verflucht oder für Zauberei benutzt wurden, haben einen starken dämonischen Einfluss. Besonders, wenn du sie in deinem Zuhause hast. Sie machen die Atmosphäre kalt und trist. Sie können aber auch von bösen Geistern direkt benutzt werden, um Einfluss auf dein Leben auszuüben durch Probleme wie Krankheiten oder finanzielle Verluste, sie können sogar deine Ehe zerstören. Es können auch Glücksbringer, Götzenfiguren oder vererbter Schmuck, usw. sein.

Entehrung der Eltern

Das klingt vielleicht seltsam, macht aber im Zusammenhang mit Epheser 6,2-3 sehr viel Sinn *(„Ehre deinen Vater und deine Mutter!" – das ist das erste Gebot, das mit einer Zusage verbunden ist, mit der Zusage: „Dann wird es dir gut gehen, und du wirst lange auf dieser Erde leben.").* Wenn du deine Eltern ehrst, führt das zu Wohlstand und einem langen Leben. Das bedeutet im Umkehrschluss, dass wenn du deine Eltern nicht ehrst, es dir nicht gut gehen wird oder sogar dein Leben verkürzt werden kann (vorzeitiger Tod).

In diesem Fall musst du dich mit dem Grundproblem deiner Abneigung gegenüber deinen Eltern befassen. Alle Eltern haben Schwächen und machen Fehler. Bitte Gott, dir zu helfen, deinen Eltern zu verzeihen und sie lieben und schätzen zu können. Denn wenn sie nicht hier wären, wärst du es auch nicht. Du musst den Kern des Problems entdecken. Haben sie dich verletzt, verärgert oder enttäuscht? Versuche, sie mit den Augen Jesu zu betrachten und ihnen zu vergeben.

Woher weißt du, dass du ein Problem mit deinen Eltern hast? Ein Hinweis ist, dass du dich in ihrer Gegenwart aufregst und ihr Verhalten nicht ausstehen kannst. Ein anderes Zeichen ist, wenn du in ihrer Gegenwart angespannt bist oder sogar, wenn du nur an sie denkst. Das kann dazu führen, dass du sie mit Verachtung behandelst. Im 5. Mose 27,16 heißt es: *„Verflucht sei, wer seinen Vater und seine Mutter verachtet!"* Manche Menschen kämpfen sehr mit ihren Eltern und beschuldigen Gott, dass er ihnen so schwierige und seltsame Eltern gegeben hat. Wir müssen Gott vertrauen und akzeptieren, wie er unsere Eltern gemacht hat. Sie habe ihre Fehler, wie wir alle. Gott kann sie ebenfalls verändern. Sie wurden wie alle Menschen im Ebenbild Gottes geschaffen (*„Und Gott schuf den Menschen in seinem Bild, im Bild Gottes schuf er ihn; als Mann und Frau schuf er sie." 1. Mo 1,27*). Wenn wir den Worten von Römer 8,28 glauben: *„Eines aber wissen wir: Alles trägt zum Besten derer bei, die Gott lieben; sie sind ja in Übereinstimmung mit seinem Plan berufen"*, dann sind wir überzeugt, dass Gott uns auch durch schwierige Eltern segnen kann.

Bedürftige misshandeln

Indem du Blinde, Vaterlose, Witwen, Behinderte, Benachteiligte, Arme und Unglückliche schlecht behandelst oder ausbeutest, kannst du einen Fluch über dein Leben bringen (5. Mo 27,18-19). Gott ist barmherzig und gerecht und möchte die Benachteiligten schützen. Es gibt unzählige Stellen in der Bibel, die darauf hinweisen, dass Gott sich sehr um benachteiligte und verletzliche Menschen kümmert.

Bestechung

„Verflucht sei, wer Bestechung annimmt, um jemand zu erschlagen und unschuldiges Blut zu vergießen!" (5. Mo 27,25). Viele Menschen haben andere wegen einer Bestechung getötet oder wollten es tun. Wir haben das

ein paar Mal in der Familie erlebt, aber Gott hat dem auf übernatürliche Weise Einhalt geboten. Wenn der Impuls jedoch ausgeführt werden darf, können die Gewissensbisse diese Person ein Leben lang quälen.

Anti-Semitismus

Jedes Wort oder jede Tat gegen Juden kann einen Fluch über dich bringen (*„Ich will segnen, die dich segnen, und verfluchen, die dich verfluchen [...]"*. 1. Mo 12,3). Die Bibel lehrt uns, dass wer die Juden anrührt, den Augapfel Gottes anrührt (Sach 2,12). Dazu kann ich nur sagen, dass mit Gottes Augen nicht zu spaßen ist!

Stehlen und Lügen

Stehlen und Lügen treten oft zusammen auf. Zuerst stielt man und dann wird die Tat durch die Lüge verdeckt. Laut Sacharja 5,3-4 können Diebe oder auch Meineidige (Menschen, die falsch schwören oder unter Eid ein falsches Zeugnis ablegen) sich damit selbst verfluchen.

Hadern mit deinem Schöpfer

"Wehe dem, der mit seinem Schöpfer hadert, eine Scherbe unter irdenen Scherben! Spricht wohl der Ton zu seinem Töpfer: „Was machst du?" — oder dein Werk: „Er hat keine Hände?" (Jes 45,9). Dies umfasst viele Bereiche unseres Lebens. All die Dinge, die wir an uns nicht mögen, sei es unseren Charakter oder unseren Körper, können sich in uns aufstauen und wir beschuldigen Gott. Nach einer Weile denkst du vielleicht sogar, dass es seine Schuld ist, dass du so bist, wie du bist. Andere Menschen können dies noch verstärken, indem sie mit dir übereinstimmen und Negatives über dich aussprechen. Am Ende lehnst du die Wahrheit ab, was Gott wirklich von dir denkt und in Psalm 139,14 steht. Du bist nicht mehr in der Lage mit Gott übereinzustimmen und zu sagen: *„Ich danke dir dafür, dass ich erstaunlich und wunderbar gemacht bin; wunderbar sind deine Werke, und meine Seele erkennt das wohl!"* Ja, Gott ist dabei dich zu verändern und heiligen, damit du ihm immer ähnlicher wirst, aber in seinen Augen bist du bereits sein Werk.

KAPITEL 5

Flüche und böse Geister loswerden und innere Heilung erhalten

11 – Wie Flüche und Knechtschaft gebrochen werden und jegliche bösen Geister ausgetrieben werden

Wenn ein Fluch gebrochen wird, dann nehmen wir den Dämonen den rechtlichen Anspruch auf Zugang zu einem bestimmten Bereich deines Lebens (Gal 3,13-14). Wir sollten nie zu fest an Methoden festhalten, da Gott uns nicht daran bindet. Es ist extrem wichtig, dass du nicht mechanisch durch diese einzelnen Schritte gehst, sondern dein Herz ganz bei der Sache ist. Ich möchte dir ein paar Möglichkeiten aufzeigen, wie Flüche und Bindungen gebrochen und böse Geister wirkungsvoll ausgetrieben werden können. Im Grund genommen kannst du es allein machen, aber es ist immer einfacher, wenn jemand anderes dich dabei begleitet und unterstützt.

1) Nimm das Problem an/gestehe die Sünde und stell dich

Der erste Schritt ist unerlässlich, doch viele untergraben ihn. Es ist einfach, das Problem oder die Sünde zu erkennen, es einzugestehen und sich dem zu stellen. Nimm das Problem an und gestehe es ein. Suche nicht nach Ausreden oder schiebe die Schuld auf jemand anderes. Sage nicht: „Ich habe diese Schwierigkeiten in meinem Leben, weil meine Eltern mich so erzogen haben." Damit schiebst du das Problem von dir weg und beschuldigst deine Eltern.

2) Tue Buße

Komme vor den Herrn und danke ihm für den großen Sieg, den er am Kreuz errungen hat, wodurch Sünde, die zerstörerischen Werke des

Teufels und jegliche Flüche besiegt wurden. Tue anschließend Buße für alle Sünde, die mit dem Fluch in Verbindung steht und ihm ein Existenzrecht gibt. Hast du gestohlen, dann bereue es und zahle nach Möglichkeiten alles zurück. Hast du ein Idol angebetet, bereue und schaffe es aus deinem Leben. Bitte Gott um Vergebung und dass er dich reinwäscht.

3) Setze Vergebung frei

Wenn du unter den Konsequenzen eines Fluches leidest, den jemand über dich ausgesprochen hat, dann vergib dieser Person um Christi Willen. Sprich es laut aus und setzte Vergebung für die Person frei (Mt 18,21-35). Hast du das Gefühl, dass es in dem Zusammenhang noch andere Personen gibt, denen du vergeben solltest, dann tue es. Auch wenn du dir selbst vergeben musst, sprich es laut aus.

4) Entsagen

Wenn es um einen Fluch geht, dann entsage ihm und trenne dich von allem, was damit zu tun hat. Entsage der falschen Identität, die du angenommen hast, und nimm die neue Identität an.

5) Austreiben

Nun geht es darum, die bösen Geister anzusprechen und ihnen mit Autorität zu begegnen. Du kannst direkt mit ihnen sprechen, indem du zum Beispiel sagst: „Im Namen Jesus Christus befehle ich dir zu gehen. Verschwinde im Namen Jesus und kehre niemals zurück." Du brauchst nicht zu schreien, aber sprich bestimmt und mit Autorität. Meine es wirklich ernst. Tue es in der Erwartungshaltung, dass sie gehen werden.

6) Empfange

Oft, nachdem dämonische Kräfte verschwunden sind und nicht mehr wirken, fühlt sich die betroffene Person erleichtert, aber möglicherweise auch leer oder seltsam. Das liegt daran, dass da etwas weggegangen ist. Darum ist es an der Stelle so wichtig, dass wir Gott bitten, dich mit dem

Heiligen Geist und seinem Frieden zu füllen. Du empfängst von ihm in Glauben und Vertrauen, dass er dich aufbauen wird.

7) Widerstehe

Im geistlichen Reich hast du dich entschieden, dich Gottes Autorität und seinen Gesetzen zu unterzuordnen und dass du für ihn leben willst. Von nun an wirst du dem Feind widerstehen, sowohl in deinen Gedanken wie auch verbal, wenn er in Zukunft wieder vorbeikommt. Setzte das um, was in Jakobus 4,7 steht: *„Ordnet euch daher Gott unter! Und dem Teufel widersteht, dann wird er von euch ablassen und fliehen."*

12 – Der Prozess der inneren Heilung

Wenn eine Person zum Beispiel unter den Konsequenzen eines Traumas oder eines Schocks leidet, braucht sie innere Heilung und das ist auch dein Fokus. Sei immer sehr sanftmütig mit der betroffenen Person. Du betest, führst die Person zurück zu dem schmerzhaften Ereignis und bittest Gott, dass er die Wunde heilt. Es ist sehr hilfreich, wenn die Person selbst im Gebet ausdrückt, dass er oder sie Gottes Heilung annimmt. Innere Heilung bedeutet nicht, dass die Erinnerung genommen wird, sondern dass der Schmerz aus dem Erlebten entfernt wird.

Es ist ebenfalls hilfreich, den Heiligen Geist zu bitten, dass er Kindheitserinnerungen aufzeigt, besonders die schmerzhaften. Dann fragst du die Person, ob er oder sie dir erlaubt, im Gebet durch die Situation zu gehen. Wir können Jesus bitten, dass er in die Erinnerungen kommt und sie für uns heilt.

Dies können wir tun, weil wir aus der Schrift wissen, dass Jesus allgegenwärtig ist und dabei war, als es geschah. Bitte die Person, den Wunsch nach Jesu Gegenwart auszudrücken.

Dieser Prozess bedingt, dass die Person Jesus in die Erinnerungen und Emotionen hineinlässt, um sie zu heilen. Ermutige sie, im Glauben die Liebe und Heilung von Jesus zu empfangen. Es ist wichtig, dass du die Person fragst, ob er/sie bereit ist, den Tätern mit der Hilfe des Heiligen Geistes zu vergeben. Zum Beispiel in Fällen von Missbrauch in jungen Jahren kann es wichtig sein, dass sie hören, dass es nicht ihr Fehler war. Stelle klar, dass die

Täter selbst vor Gott Rechenschaft ablegen müssen für das, was sie getan haben. Vergeben bedeutet nicht, dass die Tat gerechtfertigt wird und damit ok war. Es bedeutet stattdessen, dass Rache und Gericht Gott übergeben werden. Erwachsene Menschen fühlen sich oft schuldig und schämen sich, weil sie sich nicht mit dem versöhnen können, was ihnen als Kind widerfahren ist.

Das beschriebene Szenario ist nur ein Beispiel, wie man vorgehen kann. Wir sollten nie auf einer bestimmten Methode beharren. Dies ist nur eine Unterstützung für die, die sich vom Heiligen Geist leiten lassen. Der Hauptpunkt ist, dass Jesus in die Situation kommen muss, um die inneren Wunden zu heilen.

Nicht jeder braucht es, dass er oder sie durch die verschiedenen beschriebenen Schritte geht. Wer genug Glaube hat, dass Jesus seinen inneren Schmerz heilt, muss nicht unbedingt zu der traumatischen Erfahrung zurückkehren. Es geht nicht um die Methode, sondern um die Person – Jesus! Es geht auch nicht um unsere Gebete, unser Wissen oder unsere Erfahrung. Es geht einzig um Jesus Christus!

Ist die Wunde geheilt, kannst du auch dem bösen Geist, der an der Wunde haftet, befehlen für immer zu verschwinden. Anschließend bitte Gott, die Person mit seiner Liebe und seinem Frieden zu füllen. In den meisten Fällen war am Anfang ein Defizit an Liebe, Zuneigung und Bestätigung.

13 – Wie weißt du, dass jemand Befreiung braucht?

1. Am offensichtlichsten ist es, wenn es die Person dir sagt. Die Menschen nehmen oft selbst wahr, dass etwas nicht stimmt und es sich um etwas Geistliches handeln könnte.

2. Oft ist es auch so, dass wenn ich jemandem die Hände auflege und anfange zu beten, dass es zu einer körperlichen Reaktion kommt. Dadurch weiß ich, dass Befreiung nötig ist. Wenn der Heilige Geist, der in dir wohnt, mit dämonischen Kräften in Berührung kommt, kann es zu einer Reaktion kommen. Es gibt verschiedene Möglichkeiten von Reaktionen wie Zittern, Zucken, seltsames Benehmen, an die Kehle gehen, der Dämon fängt an, mit dir zu sprechen (sagt zum Beispiel „wir werden nicht gehen"), eine Frau

fängt an mit einer Männerstimme zu sprechen, Veränderung im Gesichtsausdruck, die Augen verdrehen sich, sodass du nur das Weiße sehen kannst (Dämonen wollen dir nicht in die Augen sehen, weil du Christus repräsentierst), Körperteile werden starr, die Augen werden glasig, die Person wölbt sich nach hinten, rollt sich am Boden, benimmt sich wie ein Tier usw.

3. Wenn du die Geschichte der Person kennst, kannst du oft eins und eins zusammenzählen und zuversichtlich schlussfolgern, dass sich ein oder auch mehrere Dämonen in dem Leben bereitgemacht haben. Dies gilt insbesondere, wenn die Person mit Okkultismus in Berührung gekommen ist. Davon kommt man in der Regel nicht ohne Befreiung der Dämonen weg.

14 – Der Weg zur Befreiung

Grundsätzlich haben alle wiedergeborenen Christen die Macht Christi in sich und können für Befreiung von Dämonen beten, damit Menschen freigesetzt werden. An dieser Stelle möchte ich ein paar Punkte aufzeigen, an denen du dich orientieren kannst.

1. Es ist immer empfehlenswert beim Befreiungsdienst eine weitere Person dabei zu haben.

2. Es ist wichtig zu unterscheiden, ob die Person wirklich Befreiung und nicht doch eher innere Heilung braucht.

3. Durch Befragung oder die Gabe der Geisterunterscheidung kannst du herausfinden, mit welcher Art von Geist du es zu tun hast. Stelle Fragen wie: „Wann hat es angefangen?" oder „wie lange kämpfst du damit schon?", „was hast du davor getan?" oder „was ist geschehen? ". Antwortet die Person zum Beispiel „meine Mutter starb und danach hatte ich mit Suizidgedanken zu kämpfen", kannst du daraus schließen, dass ein Geist des Todes oder eine ungesunde Seelenbindung da ist.

4. Bei Befreiungsdienst ist es wichtig, dass du in Christus sicher bist. Die Dämonen erkennen sofort, wer Autorität hat und wer nicht. Wenn du als Christ wiedergeboren bist, dann hast du Autorität. Das ist eine Tatsache, auch wenn du nicht daran glaubst. Wenn du aber selbst nicht daran glaubst, dann glauben es die Dämonen mit Sicherheit auch nicht. Der folgende Bibelvers bestätigt, dass Jesus uns die Autorität gegeben hat und wir dadurch vollkommen vom Feind sicher sind. Lukas 10,19: *„Es ist wahr, ich habe euch Vollmacht gegeben, auf Schlangen und Skorpione zu treten und die ganze Macht des Feindes zu überwinden, und nichts wird euch schaden können."*

5. Solltest du Zweifel haben, empfehle ich dir, den Schutz des Blutes Jesu Christi über dich, deine ganze Familie und wer sonst noch beteiligt ist, auszusprechen, bevor du mit dem Befreiungsdienst anfängst.

6. Wenn du bewusst in Sünde lebst und jemandem Befreiungsdienst anbietest, empfehle ich dir, dass du dein eigenes Leben erst in Ordnung bringst; tue Busse und komme ins Reine mit Gott.

7. Es ist eine gute Idee, mit einer Lobpreiszeit anzufangen und zu bekennen, dass Jesus König der Könige ist und alles ihm untersteht. Das hat sehr viel Macht und verändert die geistliche Atmosphäre augenblicklich. Sprachengebet ist ebenfalls eine gute Idee, da es deinen Geist stärkt, wie auch Judas 1,20 bestätigt. *„Ihr aber, Geliebte, erbaut euch auf euren allerheiligsten Glauben und betet im Heiligen Geist."* (SLT) Ich kann mich an das eine Mal erinnern, als ich für Befreiung gebetet habe und damit anfing, für vielleicht 30 Sekunden einfach nur den Namen Jesus zu preisen. Jemand anderes sah in einer Vision, wie dabei meine geistlichen Muskeln immer mehr anwuchsen. Die Befreiung selbst verlief danach ganz problemlos und schnell. Es ist also ein sehr starkes und einfaches Werkzeug.

8. Nun ist ein guter Moment, dass die Person ihr Leben Jesus übergibt und ihn zum Herrn macht. Sollte die Person sich zuvor dem Teufel hingegeben haben und als Zauberer, Hexe oder Satanist aktiv gewesen

sein, dann ist es wichtig, dass sie klar Buße tut und ihr Leben Jesus hingibt. Es ist wichtig, dass die Person klar bekennt, dass sie das Reich des Satans verlassen möchte, ansonsten wird es schwierig. Es kann sonst passieren, dass sie beim Übergabegebet im entscheidenden Moment nicht in der Lage sind, den Namen Jesu auszusprechen. Wenn das geschieht, musst du den Geist, der widersteht, binden und kannst ihm befehlen, dass er sich nicht mehr einmischen darf. Danach kannst du die Person noch einmal auffordern, zu beten und in die geistliche Welt verkünden, dass sie jetzt und für den Rest des Lebens Jesus Christus dienen. Am besten gleich mehrere Male aussprechen.

9. Böse Geister von dieser Kategorie müssen bewusst abgelehnt werden. Es braucht mehr, als Buße tun und umkehren. Man muss sich ganz klar und aktiv von ihnen abwenden. Solltest du mit ernsten Fällen von Okkultismus zu tun haben, dann empfehle ich dir, dass du mit einem Team oder mindestens einer im Befreiungsdienst sehr erfahrenen Person zusammenarbeitest. In solchen Fällen bist du mit mächtigen Dämonen konfrontiert. Wenn die Vorfahren oder die Person selbst durch Blut oder Schwur einen Pakt mit dem Teufel geschlossen haben, muss die betroffene Person dem bewusst entsagen. Ein mit Blut besiegelter Pakt mit dem Feind hat sehr viel Macht.

Ein paar Vorschläge für den Teil der Buße:
„Ich bekenne und bereue an Stelle von meinen Vorfahren/spezifischer Name/Priester von Satan usw. alle Tier- und Menschenopfer, die sie taten, …"

Anschließend ist es wichtig, dass ein geschlossener Bund widerrufen wird:

a. Im Namen Jesus Christus entsage ich jedem Bund oder Blutsbund, den meine Vorfahren im Bereich von Hexerei, Satanismus, Freimaurerei, Zauberei … geschlossen haben.

b. In Jesu Namen weise ich jegliche Weihen, Rituale, auch sexuelle Rituale und Entmachtung von mir.

c. Ich breche jede okkulte Berufung über meinem Leben im Namen Jesus. Ich bitte dich, Jesus, dass du jedes Ritual, das Blutopfer beinhaltete, durch dein eigenes Blut wegwäschst und in meinem Leben wirkungslos machst.

d. Ich entsage jegliche satanistische Anbetung, Opfer, Sprachen, Gaben, Lehren, Prophetien, Ahnenblut-Ritualen usw. Sie haben keine Macht mehr über mein Leben.

Anschließend kannst du die okkulten Geister austreiben und das Eingangstor schließen. Du kannst die Person auch mit Öl auf der Stirn salben.

Nun kannst du die Wahrheit und Kraft des Bundes durch das Blut Jesus Christus proklamieren.

Selbstverständlich sollten auch jegliche satanischen Gegenstände wie Bücher, Tarot Karten, geschriebene Verträge und dergleichen aus dem Haus entfernt oder noch besser verbrannt werden (Apg 19,19). Immer wenn wir in Afrika unterwegs waren, machten wir ein großes, öffentliches Feuer, um alles zu verbrennen, was mit Zauberei und Satanismus zu tun hatte.

10. Einer der stärksten, wenn nicht sogar der stärkste Weg, um böse Geister zu entwaffnen, ist die Wassertaufe. Wenn Menschen ihr Leben Jesus übergeben haben und im Wasser getauft wurden, können die bösen Geister nicht mehr an dem Leben festhalten. Befreiung ist danach immer sehr viel einfacher. Ich habe schon gesehen, wie sich Dämonen in dem Moment, als die Person aus dem Wasser kam, manifestierten und verschwanden.

11. Wenn eine Person von sehr vielen Dämonen betroffen ist, kannst du es auch auf verschiedene Sitzungen über ein paar Tage oder Wochen verteilen und in kleineren Mengen angehen. Solltest du die Zeit und

Energie haben, spricht auch nichts dagegen, alles auf einmal zu erledigen.

12. Schreie die Dämonen nicht an. Sie sind nicht taub. Deine Autorität liegt nicht in der Lautstärke deiner Stimme, sondern in Jesus Christus. Befiehl einfach nur mit Autorität.

13. Schlage oder stoße die betroffene Person nicht! Dadurch treibst du keine Dämonen aus.

14. Du kannst den Geistern in der Person auch im Namen Jesus verbieten, sich auf die Macht anderer Geister außerhalb zu berufen. Dadurch kann eine Sitzung manchmal einfacher werden. Das Reich der Dunkelheit ist hierarchisch organisiert. Manchmal kann ein stärkerer und höher gestellter Geist von außen her einen schwächeren und untergeordneten Dämon stärken. Jemand, mit dem ich mal gebetet habe, hat dies sehr stark erlebt.

15. Es kann sehr hilfreich sein, der Person in die Augen zu sehen. Die Augen sind der Spiegel der Seele. Wenn du jemandem tief in die Augen schaust, kannst du oft erkennen, ob da Wut, Hass, Hohn, Stolz oder Unversöhnlichkeit sind. Dämonen können es normalerweise auch nicht ausstehen, wenn du ihnen in die Augen siehst, weil es eine Machtkonfrontation ist. Wenn Jesus in dir lebt, können sie ihn sehen. Deshalb verdrehen die Betroffenen manchmal auch die Augen so, dass du nur noch das Weiße siehst, um zu vermeiden, dass du ihnen direkt in die Augen blickst. In diesem Fall kannst du den Dämonen befehlen, dass sie dir in die Augen sehen.

16. Es kann auch vorkommen, dass der Geist die Stimme der betroffenen Person übernimmt, wenn du mit ihm sprichst. Du wirst sogleich merken, wenn der Dämon übernommen hat. Von dem Moment an bekommt die betroffene Person nichts mehr mit, von dem, was geschieht und kann sich im Nachhinein auch nicht daran erinnern. Sei auf keinen Fall

gekränkt von dem, was der böse Geist zu dir sagt, denn es ist nicht die Person, die zu dir spricht, sondern ein Dämon.

Wir hatten mal den Fall, dass eine Person von zwei verschiedenen Dämonen kontrolliert wurde und man konnte sehen, wenn der eine oder der andere übernommen hat. Man konnte auch erkennen, wenn die Dämonen wieder schwiegen und der Mann selbst wieder bei Bewusstsein und sich selbst war. Beobachte wachsam, was während einer Befreiungssitzung geschieht, damit du besser verstehst, was vorgeht.

17. Manche behaupten, dass wenn du die betroffene Person berührst (Hände auflegst), dass der böse Geist in dich kommen kann. Ich habe jedoch genau das Gegenteil erlebt. Ich glaube fest daran, dass ich geschützt bin (Lk 10,19). Wenn die Kraft des Heiligen Geistes (der in mir ist) und der Dämon durch Berührung aufeinandertreffen, wird es zu einer Reaktion kommen. Ich habe oft gesehen, wie es in diesem Moment zu einer Manifestation kam, die sehr unterschiedlich aussehen kann. Wenn der Dämon an die Oberfläche kommt, kannst du ihn austreiben. Solltest du dir aber unsicher sein, ob Hände auflegen das Richtige ist, dann würde ich dir empfehlen, es eher nicht zu tun. Es kann gefährlich sein, wenn du die Hände auflegst und dabei Zweifel hast, ob dich der Dämon angreifen kann. Dein Glaube ist am Ende entscheidend. Beide Wege sind richtig. Ich persönlich wende beides an. Oft fange ich damit an, dass ich meine Hände auflege und für die Person bete. In dem Moment, wo der Dämon aber sich offenbart, nehme ich meine Hände weg, treibe ihn durch Worte aus und strecke gleichzeitig meine rechte Hand aus, um dem Dämon damit zu gebieten, dass er gehen muss. Ich benutze somit meine Hand, um meine Worte zu unterstreichen, die dem Dämon gebieten.

18. Du fragst nicht Gott, dass er den bösen Geist vertreibt, denn Jesus hat dir befohlen, sie auszutreiben *(„Heilt Kranke, weckt Tote auf, macht Aussätzige rein, treibt Dämonen aus. Was ihr umsonst bekommen habt, das gebt umsonst weiter." Mat 10,8)*. Du sprichst direkt zu dem Dämon und gebietest ihm mit Autorität so was wie: *„Im Namen Jesus*

Christus befehle ich dir böser Geist (wenn du den Namen oder seine Tätigkeit kennst, kannst du es benennen) zu gehen und niemals zurück zu kommen." Du kannst auch anfügen: *„Gehe still und ohne großes Aufsehen".*

19. Manchmal ist es ein langer Kampf. Hier muss ich klar unterstreichen, dass es nicht darum geht, wer stärker ist! Es ist kein Machtkampf. Es geht um die Position, die du in Christus einnimmst. Ich hatte mal einen Fall in Uganda, wo es etwa 45 Minute dauerte. Es war sehr heiß und ich war müde und hungrig. Doch durch Gottes Gnade habe ich weitergemacht. Ich konnte es nicht verschieben, weil wir am darauffolgenden Tag nach Hause zurückgereist sind. Ich habe gefragt: „Wie viele von euch sind in ihr?" Sie haben geantwortet: „Wir sind viele." Ich wusste, dass ich mit sturen Geistern von Hexerei zu tun hatte, die in einem zwölfjährigen Mädchen lebten. Nach 45 Minuten waren sie alle draußen. Ich mag es nicht, Sitzungen zu verschieben, aber manchmal zwingen dich die Umstände dazu. Fühle dich nicht schuldig, solange du zu einem späteren Zeitpunkt oder an einem anderen Tag weitermachst. Ich habe schon von Fällen gehört, wo es Stunden dauerte.

Warum dauerte es bei dem Mädchen in Uganda so lange? Da gab es ein paar Hindernisse, die ich erst überwinden musste, was so viel einfacher gewesen wäre, wenn ich mehr Zeit gehabt hätte oder die Sprache sprechen könnte. Wenn es mir die Situation erlaubt hätte, wäre ich mit ihr durch die verschiedenen Schritte gegangen, wie den Tätern vergeben, einigen Dingen entsagen, innere Heilung und so wäre der ganze Prozess der Befreiung viel einfacher gewesen. Unter den gegebenen Umständen habe ich das Nächstbeste gewählt, die eben genannten Schritte übersprungen und habe den Feind direkt konfrontiert.

20. Manchmal kannst du es auch abkürzen, wenn du die betroffene Person so weit wie möglich in den Prozess involvierst. Die Person kann zum Beispiel wiederholen, was du sagst also: „Im Namen Jesus Christus befehle ich dir, Geist des Zornes zu gehen". Beziehe sie zum Beispiel auch mit ein, wenn es darum geht, dem Werk des Feindes in ihrem Leben

zu entsagen oder auch einfach nur ihren Willen zu bekunden, in dem sie sagen: „Jesus ist mein Herr und ich will ihm dienen und keinem bösen Geist." Manchmal erlaubt der Dämon der betroffenen Person jedoch nicht, diese Dinge auszusprechen. In dem Fall machst du einfach weiter, als ob es nicht nötig wäre.

21. Wenn der böse Geist nicht die Kontrolle über die Persönlichkeit übernommen hat, dann kannst du der Person auch gezielte Fragen stellen wie: "Was geschieht gerade?" oder "Was fühlst du?". Sie antworten oft mit „Ich spüre, wie sich etwas in meinem Bauch bewegt" oder „Ich spüre, wie eine große Traurigkeit über mich kommt". Das hilft dir zu erkennen, wo du im Kampf stehst, denn das sind alles Gefühle und Aktivitäten, die auf den Dämon zurückzuführen sind.

22. Woher weißt du, ob der oder die bösen Geister weg sind?
Am einfachsten ist es natürlich, wenn du die Gabe der Geisterunterscheidung hast. Aber selbst, wenn du sie nicht hast, kannst du es erkennen. Sieh dir das Gesicht der Person genau an. Wenn du zum Beispiel siehst, wie die Augen wieder klar und normal werden und nicht mehr glasig und kalt sind, oder auch wenn der Dämon sich in einem anderen Gesichtsausdruck gezeigt hat, wirst du darin erkennen, dass er weg ist. In anderen Fällen erkennst du es daran, dass heftige Demonstrationen aufhören. Wenn jemand anfängt zu husten oder sich zu übergeben, dann befehle den Geistern solange zu gehen, bis das Husten oder Erbrechen aufhört. Ist die Person voll bei Bewusstsein und anwesend, dann kannst du sie oder ihn auch direkt fragen, ob der Dämon weg ist. Die betroffene Person weiß das meistens. Sei vorsichtig, wenn die betroffene Person sagt, sie fühle sich besser und leichter. Das bedeutet nicht unbedingt, dass alle Dämonen weg sind. Manchmal ist es jedoch offensichtlich und die Person fühlt sich frei, leicht und erleichtert. Beten und auf den Heiligen Geist hören ist das Wichtigste, was du während des Befreiungsgebetes tun kannst.

23. Sei dir auch bewusst, in welchem Umfeld du dienst. In einem Fall betete ich für Heilung für die Frau des Pastors. Es war nach einem normalen Gottesdienst und darum herum haben sich Menschen bei Kaffee und Tee ausgetauscht. Als ich merkte, dass die Quelle des Schmerzes dämonisch war und der Dämon anfing zu manifestieren, hörte ich auf, denn es handelte sich um die Frau des Pastors. Es ist besser, manche Fälle in einem geschützteren Umfeld zu behandeln.

24. Nach dem Befreiungsdienst bitte Gott immer, dass er jeden leeren Raum in der Person erfüllt, da ein geistliches Vakuum entstanden ist und die Person sich auch völlig leer fühlen kann. Befreiung ist wie eine geistliche Operation, als ob du gerade einen wichtigen Teil der Person herausgeschnitten hättest. Lass den Frieden Gottes eintreten und die Person völlig ausfüllen.

Nach dem Befreiungsdienst ist es auch eine gute Idee, für dich und alle, die beteiligt waren, wie auch ihre Familien zu beten, dass sie beschützt und erfüllt mit dem Heiligen Geist sind.

15 – Befreiungsdienst auf Distanz

Wir lesen in Matthäus 15,21-28 (oder Mk 7,24-30) die Geschichte von der kanaanitischen Frau, die zu Jesus kommt und ihn wegen ihrer Tochter anfleht, die jedoch nicht anwesend ist. In diesem Fall wird sie aus der Ferne freigesetzt. Dabei sollten wir das eine oder andere bedenken. Ja, es ist möglich, aus der Ferne einen Dämon auszutreiben, da die Distanz in der geistlichen Welt kein Hindernis darstellt. Allerdings ist es in dieser Geschichte so, dass die Tochter noch ein Kind ist und die Mutter dadurch rechtlich für ihren Schutz verantwortlich ist. In ihrer geistlichen Verantwortung hatte die Mutter das Recht, diese Entscheidung für ihre Tochter zu treffen. In einer solchen Situation ist es klar, dass es möglich ist und wir es tun sollten. Wenn die Tochter nun aber bereits erwachsen und für sich selbst verantwortlich ist und nicht freigesetzt werden möchte (was unwahrscheinlich wäre), dann wirst du keinen Erfolg haben mit der Befreiung. Ich würde trotzdem daraus keine konkreten Schlussfolgerungen

ziehen, wann Befreiung auch aus Entfernung stattfinden kann und wann
nicht.

KAPITEL 6

Wie wir frei und geschützt bleiben

16 – Frei bleiben

„Wenn ein böser Geist einen Menschen verlassen hat, zieht er durch öde Gegenden und sucht einen Ruheplatz, findet aber keinen. Dann sagt er sich: „Ich will wieder in mein Haus gehen, dass ich verlassen habe." Er kehrt zurück und findet das Haus leer, sauber und aufgeräumt. Daraufhin geht er und holt sieben andere Geister, die noch schlimmer sind als er selbst, und sie ziehen in das Haus ein und wohnen dort. Damit steht es am Ende schlimmer um diesen Menschen als am Anfang. Genauso wird es auch dieser bösen Generation ergehen." (Mat 12,43-45)

Ich möchte auf das große Ganze zurückkommen. Wir befinden uns in einem großen Krieg. Der Feind gibt nicht so schnell auf. Er geht zwar vor Jesus Christus in die Knie und verlässt den Menschen, wenn er ausgetrieben wird. Er wird aber versuchen zurückzukommen und das verlorene Land wieder einzunehmen. Deshalb möchte ich ein paar Dinge aufzeigen, die du tun kannst, um dich davor zu schützen. Das sind alles grundlegende und sehr kraftvolle Dinge, die im Leben eines Christen normal sein sollten.

Die Herrschaft von Jesus

Es ist essenziell, dass du die Herrschaft über dein Leben Jesus, dem König der Könige übergibst. Er hat dich mit seinem Blut erkauft und du gehörst ihm (Apg 20,28). Das trifft natürlich nur zu, wenn du als Christ wiedergeboren bist. Wenn Jesus Herr ist über jedes einzelne Zimmer in deinem Haus (menschlichen Wesen), dann ist es für den Feind nicht möglich, zurückzukommen, da der König der Könige bereits über das Haus regiert.

David Ohin

Mit dem Heiligen Geist erfüllt sein

Das führt mich zum nächsten Punkt. In Epheser 5,18 werden wir angewiesen, dass wir uns immer wieder vom Heiligen Geist füllen lassen sollen. Das ist ziemlich unkompliziert. Wenn der Heilige Geist jeden Raum in deinem Leben einnimmt, dann ist da kein Platz für den Feind, um zurückzukommen. Bitte den Heiligen Geist einfach, dass er dich erfüllen und jeden Bereich deines Lebens ausfüllen soll (Lk 11,9-13).

Dem Bösen widerstehen

Wenn du dich der Herrschaft von Jesus Christus untergeordnet hast und der Heilige Geist in dir wohnt, dann weist uns Jakobus 4,7 weiter an, dass wir dem Bösen widerstehen sollen. „Widerstehen" bedeutet hier nicht, dass du, wenn der Feind durch die Tür hereinkommen will, ihn leicht zurückweisen sollst. Was ich damit meine ist, dass du dich innerlich aufrüstest und kraftvoll gegen den Feind vorgehst, damit er versteht, dass es dir ernst ist und du ihn nicht mehr sehen willst. Du kämpfst mit allen Waffen wie in einem Krieg. Du kannst es auch aussprechen und sagen: "Böser Geist, ich befehle dir zu gehen. Ich will nichts mit dir zu tun haben. Der König der Könige lebt nun in mir und ich diene ihm alleine. Verschwinde im Namen Jesus!" Sprich es mit Überzeugung und Autorität aus. Wenn deine Worte von Herzen ernst gemeint sind, dann haben sie sehr viel Macht in der geistlichen Welt! Ein anderer Ansatz ist, denn Feind komplett zu ignorieren und nicht mehr auf ihn zu achten, denn du hast dein Leben von ganzem Herzen Jesus hingegeben. Das ist eine starke Form des (stillen) Widerstands. Du wirst bald erkennen, dass der Feind daraufhin flüchten wird, wie es in Jakobus 4,7 heißt: *„Ordnet euch daher Gott unter! Und dem Teufel widersteht, dann wird er von euch ablassen und fliehen."*

Benutze die Schrift

Das Wort Gottes ist die geistliche Nahrung eines Christen, die natürlich täglich aufgenommen werden sollte. Wenn du ein paar Tage lang nichts isst, wird dein Körper sehr schwach. Du hättest schon Schwierigkeiten, dich nur schon zu bewegen und in einem Krieg zu kämpfen wäre schlicht unmöglich, wenn du geschwächt bist. Im geistlichen Leben ist es das Gleiche. Ich empfehle dir, dass du über dein tägliches Bibellesen hinaus, auch Verse nachschlägst, die spezifisch auf deine Situation zutreffen. Meditiere über diese Verse. Gehe sie immer wieder durch und sprich sie aus. Mach es abhängig davon, wie der Feind ursprünglich in dein Leben gekommen ist. Wenn es durch Ablehnung, Zorn, sexuelle Sünde etc. war, dann finde Bibelstellen, die darauf eingehen. Nachdem du darüber meditiert hast und sie immer wieder durchgekaut hast, kannst du sie als tägliche Proklamation benutzen.

Zum Beispiel:

(Das folgende Material stammt aus "God's Unbreakable Word to You" von Fred Elgar. Verwendet mit der Erlaubnis von Barbara Elgar.)

(Eine Handlung von Gott die immer noch wirkt für mich)

- *"Er hat mich aus der Gewalt der Finsternis befreit und mich in das Reich seines geliebten Sohnes versetzt." Kol 1,13*

- *"Ich wurde freigekauft von meinem nutzlosen Leben, das bereits meine Vorfahren geführt haben, durch das kostbare Blut Christi." 1. Petr 1,18-19*

- *"Ich wurde freigesetzt von dem Fluch des Gesetzes von Sünde und Tod." Röm 8,2 / Gal 3,13*

- *"Ich wurde durch Jesus Christus mit Gott versöhnt." 2. Kor 5,18 / Röm 5,11 / Kol 1,22*

- *"Durch Gottes Gnade bin ich errettet worden aufgrund des Glaubens." Eph 2,8*

- *"Ich bin aus einem unvergänglichen Samen wiedergeboren worden." 1. Petr 1,23*

- *"Ich habe Anteil an der göttlichen Natur bekommen." 2. Petr 1,4*

- *"Ich habe ewiges Leben." 1. Joh 5,11 / Joh 5,24 / Joh 6,47*

- *"Ich habe das Recht bekommen, am Erbe des heiligen Volkes teilzuhaben." Kol 1,12*

- *"Gott hat mir seinen Heiligen Geist gegeben und mein Herz mit der Gewissheit erfüllt, dass er mich liebt." Röm 5,5*

- *"Ich habe seine Gerechtigkeit erhalten." Röm 4,23-24 / 2. Kor 5,21 / Phil 3,9*

- *"Da ich in Christus getauft worden bin, habe ich ein neues Gewand, Christus selbst, angezogen." Gal 3,27*

- *"Ich wurde mit Christus gekreuzigt." Gal 2,20*

- *"Durch die Taufe wurde ich mit Christus begraben." Röm 6,4/ Kol 2,12*

- *"Ich wurde durch Christus lebendig gemacht." Eph 2,5/ Kol 2,13*

- *"Zusammen mit Christus wurde ich vom Tod auferweckt und habe einen Platz in der himmlischen Welt." Eph 2,6/ Kol 3,1*

- *"Mein Leben ist verborgen mit Christus in Gott." Kol 3,3*

- *"Ich wurde in ihm durch den versprochenen Heiligen Geist versiegelt." Eph 1,13*

- *"Ich wurde von Gott mit jedem geistlichen Segen in Christus gesegnet." Eph 1,3*

- *"Durch den Glauben, das Blut Jesus und seine Gnade wurde ich gerecht gesprochen." Röm 5,1/ 5,9/ 3,24*

- *"Ich bin reingewaschen, geheiligt und gerechtfertigt worden im Namen des Herrn Jesus Christus und durch den Heiligen Geist." 1. Kor 6,11/ Röm 5,1*

- *"Gott hat mich in Christus noch vor der Schöpfung der Welt erwählt." Eph 1,4*

- *"Ich bin berufen in Übereinstimmung mit seinem Plan." Röm 8,28*

(Mein gegenwärtiger Status und Wert vor Gott:)

- *"Ich bin eine neue Schöpfung." 2. Kor 5,17*

- *"Ich bin verbunden mit dem Herrn und eins im Geist mit ihm." 1. Kor 6,17*

- *"Ich bin in Christus." 1. Kor 1,30 / Eph 1,3*

- *"Ich bin heilig und makellos vor Gott, weil ich in Christus bin." Eph 1,4*

- *"Ich bin ihm nahe durch das Blut Christi." Eph 2,13*

- *"Ich kenne die Gedanken von Christus." 1. Kor 2,16*

- *"Mein Körper ist ein Tempel des Heiligen Geistes." 1. Kor 6,19*

- *"Ich bin ein Kind Gottes durch den Glauben an Jesus Christus." Röm 8,14-16 / Gal 3,26*

- *"Ich bin Erbe zusammen mit Christus." Röm 8,17*
- *"Ich bin heilig und geliebt, weil Gott mich erwählt hat." Kol 3,12*
- *"Ich gehöre zur Familie Gottes." Eph 2,19*
- *"Ich gehöre zum Volk Gottes." 1. Petr 2,9*
- *"Ich gehöre zu seinem auserwählten Volk." 1. Petr 2,9*
- *"Ich bin Mitbürger mit den Heiligen, ein Teil der heiligen Nation." Eph 2,19 / 1. Petr 2,9*
- *"Ich bin Teil der königlichen Priesterschaft." 1. Petr 2,9*
- *"Ich werde geformt und nach dem Ebenbild Jesu umgestaltet." Röm 8,29 / 2. Kor 3,18*
- *"Ich bin ein Licht in dieser Welt." Mat 5,14*
- *"Ich bin das Salz der Erde." Mat 5,13*
- *"Ich bin Botschafter für Christus." 2. Kor 5,20*

(Aus diesen Gründen gilt für mich, dass:)

- *"Ich kann erkennen, was Gott mir frei geschenkt hat." 1. Kor 2,12*
- *"Ich kann Gottes Wille erkennen und mir ist alle geistliche Weisheit und Einsicht gegeben." Kol 1,9*
- *"Ich kann mit dem Heiligen Geist erfüllt werden." Eph 5,18*
- *"Ich kann ein Leben führen, dass den Herrn ehrt." Kol 1,10*
- *"Ich kann dem Herrn in jeder Hinsicht gefallen." Kol 1,10*
- *"Ich kann Gott immer besser kennen lernen." Kol 1,10*
- *"Ich kann ein Leben in Christus führen und im Glauben gestärkt werden." Kol 2,6-7*
- *" Ich habe mehr als überwunden, durch den, der mich liebt." Röm 8,37*
- *"Ich bin der Sünde gestorben." Röm 6,11*
- *"Ich kann den Satan überwinden durch das Blut des Lammes und das Wort meines Zeugnisses." Offb 12,11*

- *"Ich kann die Welt überwinden." 1. Joh 5,4-5*

- *" Durch Glaube und Geduld werde ich Erbe der Verheißungen." Heb 6,12*

- *"Ich kann mit Zuversicht vor den Thron der Gnade treten." Heb 4,16*

- *"Durch die Kraft des Blutes Jesu kann ich freimütig in das Heiligtum kommen." Heb 10,19*

- *"Ich habe Zugang zu dem Vater durch den Heiligen Geist." Eph 2,18*

- *"Mit einem ehrlichen Herzen und voller Gewissheit des Glaubens kann ich mich Gott nähern." Heb 10,22*

- *"Ich kann ein heiliges Leben führen, weil der mich berufen hat, heilig ist." 1. Petr 1,15*

- *"Ich kann jeden Gedanken gefangen nehmen und gehorsam gegenüber Christus machen." 2. Kor 10,5*

- *"Durch die Erneuerung meiner Gedanken werde ich verändert." Röm 12,2*

- *"Ich kann alles tun, was Gott von mir verlangt, weil Jesus mir die Kraft dazu gibt." Phil 4,13*

- *"Mein Herz wird durch den Frieden Gottes beschützt." Phil 4,7*

- *"Es gibt keine Verdamnis mehr für mich, weil ich in Christus Jesus bin." Röm 8,1*

(Gott wird weiterhin das für mich vollbringen, was ich selbst nicht vermag:)

- *"Er wird in allem mein Wohl anstreben, denn ich liebe ihn und bin nach seiner Bestimmung berufen worden." Röm 8,28*

- *"Er wird immer bei mir sein bis an das Ende der Zeit." Mat 28,20*

- *"Er wird mir helfen, bis zum Ende stark zu bleiben, so dass ich unschuldig sein werde, wenn Jesus Christus wiederkommt." 1. Kor 1,8 / Jud 1,24*

- *"Er wird das gute Werk, dass er in mir angefangen hat, vollenden." Phil 1,6*

- *"Er wird nicht zulassen, dass mich etwas von seiner Liebe trennen kann." Röm 8,39*

- *"Er wird all meine Bedürfnisse stillen." Phil 4,19*

- *"Er wird nicht zulassen, dass ich über mein Vermögen hinaus getestet werde, sondern wird mir immer auch den Ausweg zeigen." 1. Kor 10,13*

- *"Er kann mich vor Fehltritten bewahren." Jud 1,24*

- *"Er hat die guten Werke für mich schon vorbereitet." Eph 2,10*

- *"Er wird meine Gebete beantworten, wenn ich in Jesu Namen bitte." Joh 16,23-24*

- *"Er wird nie aufhören, für mich einzutreten." Heb 7,25*

  (Die Rechte liegen bei Ellel Ministries Pierrepont.)

Diese Schriftstellen sind wie nahrungsergänzende Vitamine.

Einmal nach einer Befreiungssitzung über das Telefon sah ein Mitglied von meinem Gebetsteam die Vision von einem leeren Kuhmagen. Das Bild bezog sich auf die geistliche Situation der Person, die Befreiung erfahren hatte. Es bedeutete, dass da keine geistliche Nahrung in dem Magen war. Der Heilige Geist zeigte auf, wie wichtig es nun sei, die Schrift zu „essen" und immer wieder zu „kauen", bis der Magen voll sei. Eine Kuh hat sogar vier Mägen. Es ist ein wunderbares Bild dafür, was es bedeutet, über Bibelstellen zu meditieren (das Essen wird zerkleinert). Nach der Verdauung wird frische Milch freigesetzt, von der auch der Rest des Haushaltes geistlich ernährt werden kann.

Dieses wichtige Konzept lernen wir in Philipper 4,8-9:

Und noch etwas, Geschwister: Richtet eure Gedanken ganz auf die Dinge, die wahr und achtenswert, gerecht, rein und unanstößig sind und allgemeine Zustimmung verdienen; beschäftigt euch mit dem, was vorbildlich ist und zu Recht gelobt wird. Haltet euch bei allem, was ihr tut, an die Botschaft, die euch verkündet worden ist und die ihr angenommen habt; lebt so, wie ich es euch gesagt und vorgelebt habe. Dann wird der Gott des Friedens mit euch sein.

Der Feind wird deinen Verstand angreifen, sodass du immer wieder über die negativen Gedanken nachdenken wirst und das ursprüngliche Problem wiederauflebt und aufgebläht wird. In dem Moment, wo du dies als Wahrheit akzeptierst, bekommen die Dämonen wieder Macht. Tust du aber genau das

Gegenteil und konzentrierst dich auf die Wahrheit im Wort Gottes, schiebst du die Eisenriegel vor die Tür, sodass du sicher bist.

Trage die Waffenrüstung Gottes

Studiere jede Waffe aus Epheser 6,10-18 genau und benutze sie aktiv gegen den Feind. Meditiere darüber und überlege, welche Waffe du in deiner Situation am wahrscheinlichsten brauchst. Vers 16 wird mit Sicherheit oft zum Einsatz kommen. *„Zusätzlich zu all dem ergreift den Schild des Glaubens, mit dem ihr jeden Brandpfeil unschädlich machen könnt, den der Böse gegen euch abschießt."* Der Feind wird mit seinen Lügen auf dich zielen. Sobald du seine Lügen akzeptierst, kann er wieder eintreten. Wenn dir der Feind zum Beispiel sagt: „Dich mag immer noch niemand. Nichts hat sich seit dem Befreiungsgebet verändert. Du solltest immer noch verletzt sein und Selbstmitleid haben, denn die Menschen, denen du vergeben hast, sind immer noch gegen dich. Sie werden dich wieder verletzten und Gott wird dir dabei nicht helfen. Deshalb hast du das Recht, wütend zu sein, und solltest dich abgelehnt fühlen." Wenn du da nicht den Schild des Glaubens hochhältst und die Lüge akzeptierst, dann erlaubst du den Worten, dass sie über der Wahrheit von Jesus stehen und er kann in diesem Bereich nicht mehr Herr sein in deinem Leben. Im Gegenzug kann der Feind dadurch wieder in dein Leben kommen und die Herrschaft über diesen Bereich wieder an sich nehmen. Wenn du aber den Schild des Glaubens nimmst und sagst: „Ich habe mich entschieden ihnen ganz zu vergeben, auch wenn sie mich immer noch hassen, denn Gott hat mir vergeben. Es heißt in Lukas 6,37: *„Vergib und dir wird vergeben werden."* Ich entscheide mich, nicht zu verletzten und abzuweisen, sondern Gott zu vertrauen, dass er mir helfen wird, denn ich glaube Hebräer 13,6. *„Der Herr ist mein Helfer, deshalb fürchte ich mich nicht. Was kann ein Mensch mir anhaben? "* Du kannst dich auch entscheiden, die Verletzungen nicht anzunehmen, sondern dem Herrn überlassen.

Hier noch ein paar weitere Beispiele, wie du das Schwert des Wortes und den Schild des Glaubens einsetzen kannst:

Feind: Zu viele Tragödien sind in deinem Leben geschehen!

Du: *Und Gott ist treu; er wird mich ʼauch in Zukunftʻ in keine Prüfung geraten lassen, die meine Kraft übersteigt.* (1. Kor 10,13).

Feind: Dein Glaube ist eine Lüge und bringt nichts!

Du: Gott ist kein Mensch und lügt nicht. (4. Mose 23,19)

Feind: Gott liebt dich nicht wirklich!

Du: *Gott ist Liebe.* (1. Joh 4,16) *Denn Gott hat der Welt seine Liebe dadurch gezeigt, dass er seinen einzigen Sohn für sie hergab, damit jeder, der an ihn glaubt, das ewige Leben hat und nicht verloren geht.* (Joh 3,16)

Feind: Du kannst Gott und der Bibel nicht wirklich vertrauen!

Du: *Glücklich zu preisen sind alle, die Schutz bei ihm suchen.* (Psa 2,12)

Feind: Nicht mal Gott kann dir da helfen!

Du: *Sollte dem Herrn etwas unmöglich sein?* (1. Mose 18,14)

Feind: Er interessiert sich nicht für dein Leben!

Du: *Er macht meinen Weg vollkommen.* (2. Sam 22,33)

<u>Gegenangriffe des Feindes</u>

In den Bereichen deines Lebens, wo der Feind in der Vergangenheit eindringen konnte, solltest du besonders wachsam sein. Er wird dich genau dort immer wieder angreifen und testen. Bitte andere um Hilfe, dass sie für dich beten. Es ist deshalb so wichtig, dass der Ursprung des Problems/ der Schwäche identifiziert wird. Oft sind es Angelegenheiten des Herzens, die besondere Aufmerksamkeit brauchen.

Häufig kommen die Dämonen auch zurück, um dich zu ärgern und versuchen dich davon zu überzeugen, dass sie wieder aktiv sind in dir. Die Tatsache ist aber, dass sie von außen angreifen und wieder Zugang suchen. In dem Moment, wo du ihnen glaubst und damit übereinstimmst, öffnest du ihnen die Tür und sie haben gewonnen.

Manche Dämonen können richtig gut argumentieren und versuchen eine Diskussion mit dir anzufangen. Lass dich nie darauf ein! Verjage sie augenblicklich und ohne Rücksicht im Namen Jesu.

Gemeinschaft

Das führt mich zu meinem nächsten Punkt. Wenn du Gemeinschaft mit anderen Christen hast, können sie dich unterstützen und dir helfen (1. Kor 1,9/ 1. Joh 1,7). So fühlst du dich nicht allein in deinem Kampf, was besonders nach der Befreiung wichtig ist. Zwei oder drei Soldaten sind zusammen stärker als einer.

Mentoring / Coaching

Das versteht sich zusätzlich zur Gemeinschaft. Es ist lebenswichtig, dass du jemanden findest, der reif ist im Glauben, mit dem du über deine Fortschritte und Kämpfe sprechen kannst. Du wirst zweifelsohne Fragen haben und es ist wichtig, dass du sie jemandem stellen kannst, dem du vertraust. Das ist der einfachste Weg, um zu wachsen und stärker zu werden. Deshalb wäre es ideal, wenn du so jemanden hast.

Lobpreis und Danksagung

Als Jesus die zehn Aussätzigen heilte, kam nur einer zurück und hat sich bedankt. Was war mit den anderen neun? Haben die ihren Heiler gleich wieder vergessen? Ich glaube, heutzutage ist das Verhältnis ähnlich. Wenn alles gut geht, werden sich 10 % bei ihm bedanken und ihn dafür loben. Jesus bemerkte den einen Aussätzigen, der zurückkam und sagte: *„Sind denn nicht alle zehn gesundgeworden? Wo sind die anderen neun? "* (Lk 17,17). Jesus, wissend, dass sich Dankbarkeit zu unserem eigenen Vorteil auswirkt und Gott ehrt, weist hier im nächsten Vers auf die Herzenshaltung dahinter. *„Ist es keinem außer diesem Fremden in den Sinn gekommen, zurückzukehren und Gott die Ehre zu geben?"* Jesus zeigt auf, dass wenn wir ihm danken, wir ihn damit ehren. Es sollte doch eigentlich selbstverständlich sein, dass wir ihm danken, wenn wir bedenken, dass er uns gerade aus den Fängen des Feindes befreit hat.

Lobpreis ist auch eine der wirkungsvollsten Methoden gegen Depressionen und Schwermut. In Jesaja 61,3 heißt es: " *[...]um den Trauernden von Zion zu verleihen, dass ihnen Kopfschmuck statt Asche gegeben werde, [...]*".

Im Neuen Testament werden nur noch drei Opfergaben von uns erwartet:

1. Wir sollen unsere Körper als lebendige Opfer geben. (Röm 12,1)

2. Heb 13,16 *"Und vergesst nicht, Gutes zu tun und einander zu helfen! Das sind die Opfer, an denen Gott Freude hat."*

3. Heb 13,15 *"Durch Jesus nun wollen wir Gott ein immer währendes Dankopfer darbringen: Wir wollen ihn preisen und uns zu seinem Namen bekennen."*

Beachte, dass ein Opfer normalerweise nicht von selbst kommt. Wir müssen uns manchmal um ein Dankopfer bemühen, da es unseren Gefühlen widersprechen kann. Es ist viel einfacher, unsere Liste von Anliegen vor Gott zu bringen, als ihn zu preisen. Gott anzubeten hat sehr viel Kraft in der geistlichen Welt. Es verändert die Atmosphäre und der Feinde fühlt sich darin nicht mehr wohl. Wenn du ihn anbetest, näherst du dich ihm und das kann der Feind nicht ausstehen. In Jakobus 4,8 heißt es: *"Sucht die Nähe Gottes, dann wird er euch nahe sein!"* Wenn Gott dir nahe ist, wird es so viel einfacher, der Versuchung zu widerstehen und den Feind zu bekämpfen!

Eine Frau, von der ich einige Dämonen ausgetrieben habe, erzählte mir, dass sie, wenn sie mit ihrem Hund spazieren geht, Gott preist. (In dieser Situation versuchen die Dämonen jeweils wieder zurückzukommen). Sobald sie anfängt, Gott zu preisen und ihm zu singen, verschwinden die Dämonen sogleich wieder.

Die richtige Gesellschaft

Es ist sehr wichtig, dass wir uns in der richtigen Gesellschaft befinden. 1.Kor 15,33 ist da sehr klar, wenn es heißt: *"Schlechter Umgang verdirbt auch den besten Charakter."* Es ist, wie wenn du eine Schale mit guten und schlechten Früchten hast. Es sind nicht die guten Früchte, welche die schlechten Früchte gut machen, sondern andersrum. Wir können dieses Bild nicht eins zu eins übernehmen, aber wir müssen uns bewusst sein, dass die

Gefahr groß ist, dass wir in Sünde und schlechten Gewohnheiten abrutschen, wenn wir uns mit den falschen Menschen abgeben. Dies wird besonders dann zu einem Problem, wenn diese Menschen uns davor dazu verleitet haben, dem Feind die Tür zu öffnen.

Schlussfolgerung

Im Grund genommen geht es um das, was wir in Römer 12,2 lesen: *„Richtet euch nicht länger nach den Maßstäben dieser Welt, sondern lernt, in einer neuen Weise zu denken damit ihr verändert werdet und beurteilen könnt, ob etwas Gottes Wille ist"*. Ich kann nicht genug betonen, dass dies der beste Schutz ist, dass wir lernen, wie Gott zu denken. Dies gilt besonders in den Bereichen des Lebens, wo die Wurzel des Problems lag. Wenn zum Beispiel ein Geist der Ablehnung bereits in die betroffene Person kam, als diese noch unschuldig im Mutterleib war, und die Person wird dann als Erwachsener freigesetzt, dann sollte er/sie das Denken in Bezug auf Ablehnung verändern. Praktisch kann das wie folgt aussehen: Befindet sich die Person in einer Situation, wo er/sie ignoriert wird, was normalerweise emotional schmerzen würde, dann muss die Person eine Entscheidung treffen. Er/sie kann den Schmerz akzeptieren und erneut zulassen oder sagt stattdessen: „Jesus liebt mich und ich bin nicht abgelehnt. Das hier kann mich nicht verletzten." Was geschieht dabei? Die Person hat sich entschieden, die Gedanken zu erneuern und die Wahrheit aus dem Wort Gottes anstelle von den eigenen Gefühlen anzunehmen. Wenn das Gedankenmuster einmal erneuert und an das Wort Gottes angepasst ist, dann gibt es in diesem Bereich keine Möglichkeit mehr für einen Geist der Ablehnung wieder zurückzukommen. Es ist so ähnlich, wie wenn ein Kettenraucher, nachdem der Krebs erfolgreich entfernt wurde, den Lebensstil verändert und sich gesund ernährt, anstatt zu rauchen. Das Risiko, dass der Lungenkrebs zurückkommt, wird dadurch größtenteils ausgeräumt. In diesem Prozess verlassen wir uns komplett auf Gott und seine Hilfe.

17 – Umgang mit dem ursprünglichen Problem

"Mehr als alles andere behüte dein Herz; denn von ihm geht das Leben aus." (Spr 4,23)

Die Angelegenheiten des Lebens kommen aus dem Herzen. Das Herz ist das Zentrum unseres Wesens. Alles kommt aus dem Herzen. Wenn in unserem Leben etwas schiefläuft, kann es auf ein Problem zurückgeführt werden, welches im Herzen seinen Ursprung hat. Das ist der Ort, wo das grundlegende Problem anfing.

Wir können unser Herz als ein Haus mit verschiedenen Zimmern sehen. In jedem Zimmer kann etwas falsch laufen. Wenn etwas schiefläuft, können wir ungewollte Probleme und Besucher anziehen. Zum Beispiel, wenn wir die Fruchtschale in der Küche zu lange in der Wärme stehen lassen, werden einige der Früchte schlecht. Nach ein paar Tagen werden sie faulen und kurz danach hast du viele Fruchtfliegen um die Schale herum und in der ganzen Küche. Der beste Weg, um die Fruchtfliegen loszuwerden, ist, die verfaulten Früchte zu entfernen. Das ist der ursprüngliche Grund für die ungewollten Besucher. Wenn der Ursprung erst entfernt ist, wird es einfach, die Eindringlinge loszuwerden. Mit den Dämonen ist es das Gleiche. Ist das, was sie ursprünglich angezogen hat entfernt, kannst du sie einfach austreiben, sodass sie auch draußen bleiben. Die Dämonen sind nur das zweitrangige Problem. Wenn wir uns erst um das grundlegende Problem (das im Herzen liegt) kümmern, dann kommen die Dämonen nicht zurück. Verfaulte Früchte und Fruchtfliegen gehen zusammen. Die geistlichen Gesetze funktionieren gleich.

Es gibt verschiedene Ansätze für den Dienst der inneren Heilung. Am Ende kann nur Jesus das Innere einer Person heilen. Das folgende ist nur ein praktisches Beispiel:

Lasst uns annehmen, dass ein Mann namens Frank ein Problem mit Zorn hat. Frank kämpft schon fast sein ganzes Leben mit Zorn und hat dadurch einen Geist des Zorns eingelassen, der die Emotionen noch verstärkt und es für Frank unmöglich macht, sie zu kontrollieren. Es ist, als ob seine DNA verändert wurde und er hoffnungslos dem unkontrollierbaren Zorn ausgeliefert wäre. Es ist großartig, wenn du den Geist des Zorns aus Frank austreiben kannst, aber es ist noch besser, wenn du herausfinden kannst, wo und warum das ursprüngliche Problem des Zorns im Herzen angefangen hat. Das wahre, das ursprüngliche Problem ist im Herzen zu finden. Indem du ihm ein paar Fragen stellst, findest du heraus, dass, als Frank zwölf Jahre alt war, sein Vater seine Mutter verlassen hat. Da fing der Zorn gegen seinen

Vater an und entwickelte sich immer mehr zu einer Wut gegen jeden. Jetzt müssen wir das Problem im Herzen angehen. Da gibt es zwei entscheidende Dinge, die geschehen müssen: innere Heilung und Vergebung. Führe den 35-jährigen Frank in seine Erinnerungen zu seinem 12-jährigen Ich zurück und rede mit ihm. Frage ihn, wie er sich fühlte, als sein Vater wegging. Konfrontiere ihn mit dem Schmerz. Ich weiß, das klingt vielleicht schwierig und brutal, aber erinnere dich, dass die Wunde aufgedeckt und offengelegt werden muss, bevor Gott sie heilen kann (wie auch eine körperliche Wunde erst offengelegt und gereinigt werden muss, bevor sie heilen kann). Dies kann zu Tränen und sehr intensiven Emotionen führen. Zeige Frank sanft auf, dass Jesus, der liebende Gott, bei ihm war in dieser schmerzhaften Situation. Er war nicht allein! Dies wissen wir, weil die Bibel uns lehrt, dass Gott allgegenwärtig ist. Er kümmerte sich all die Jahre um ihn. Lade Frank ein, all die Verletzungen und Schmerzen Jesus hinzugeben. Es ist wichtig, dass er sie ihm übergibt, denn solange er daran festhält, kann der Heilungsprozess nicht weitergehen. Lade ihn ein, im Glauben Heilung von Jesus zu empfangen. Frage ihn anschließend, ob er in der Lage ist, mithilfe des Heiligen Geistes seinem Vater zu vergeben. Vielleicht musst du ihm erklären, dass Vergebung kein Gefühl, sondern eine Entscheidung ist und dass dadurch die Tat nicht gutgeheißen wird. Nachdem Frank seinem Vater vergeben hat, kannst du den Geist des Zorns im Namen Jesus austreiben, was nun eine einfache Sache ist, da das grundlegende Problem behoben wurde. Nun hast du nicht nur die Fruchtfliegen entfernt, sondern auch die schlechte Frucht, die der Grund dafür war.

Dies ist nur ein Beispiel. Es gibt Hunderte von verschiedenen Szenarien, aber es ist das gleiche Prinzip. Es ist wichtig, zu bedenken, dass Gott nicht an eine bestimmte Vorgehensweise gebunden ist, um einen Menschen innerlich zu heilen. Was aber wahrscheinlich immer das Gleiche bleibt, ist, dass die Person sich erst dem Schmerz stellen muss, ihn anerkennen, aufdecken und Jesus abgeben muss. Dieser Teil ist so wichtig, weil es darum geht, dass wir die Situation Jesus übergeben, damit er sich darum kümmert. Damit erkennen wir an, dass Gott der Richter ist und nicht wir. Manchen hilft es vielleicht zu denken, dass diese Situation oder Person nun auf der To-do-Liste von Gott ist und nicht mehr auf meiner. Eine andere Idee ist: „Es ist in Gottes Posteingang und ich kann es ihm überlassen". Es kann helfen, sich bewusst zu machen, dass sich darum gekümmert wird, aber es ist nicht meine Aufgabe, sondern Gottes. Wenn die Person erkannt hat, dass nicht Gott den Schmerz verursacht hat, kannst du Jesus um Heilung bitten. Du kannst nicht erwarten, dass die Wunde sofort heilt und verschwindet. Du musst sie aufdecken, um Heilung sicherzustellen.

Wir müssen alles, was in unserer Macht steht tun, um auf unsere Herzen zu achten, denn da fangen die Dinge an, falsch zu laufen.

Manchmal müssen wir Gewohnheiten und Muster in unserem Leben durchbrechen, was sehr schwierig sein kann und einen harten Kampf mit sich bringt. Dabei müssen wir auch die Erinnerungen unserer Muskeln, unsere automatische Reaktion, neu trainieren. Wir können die folgende Analogie verwenden: Ich liebe Kuchen, Schokolade und Eis, fettigen Käse und Joghurt und das meiste Zeug, was wirklich nicht gesund ist. Früher, wenn ich einkaufen ging, bin ich automatisch auf diese Produkte hingesteuert. Es wurde eine automatische Handlung. Immer, wenn ich kein klares Ziel hatte, was ich einkaufen musste, habe ich mich vor diesen Produkten wiedergefunden, bevor ich überhaupt wahrnahm, was ich tat. Meine Füße waren darauf programmiert, mich zu diesen Produkten zu führen. Ich habe in der Zwischenzeit meine Ernährung umgestellt, wofür ich Jahre brauchte. Jetzt denke ich anders. Am Anfang war es richtig schwierig, aber mittlerweile ist es viel einfacher, weil sich meine Gewohnheiten und damit auch die Automatismen in meinem Gehirn verändert haben. Ich mag diese Produkte immer noch, aber sie haben nicht mehr die gleiche Macht über mich wie zuvor. Manches davon esse ich kaum noch.

Oft ist es so, dass wir mit Gottes Hilfe ein paar Gewohnheiten in unserem Leben verändern müssen, um den Sieg zu sichern.

Im Endeffekt müssen wir immer das größere Bild sehen. Wir wollen den Baum nicht einfach nur auf einen Stumpf herunterschneiden, sondern wir wollen es gleich richtigmachen und ihn mitsamt Wurzeln herausnehmen.

18 – Wie wir geschützt bleiben

Am Ende kommt es darauf an, dass wir wissen, wer wir in Christus sind (wenn du wiedergeboren bist). Wenn du weißt und glaubst, dass du ein Sohn oder eine Tochter des allmächtigen Gottes bist und auf seinen Wegen wandelst, dann kann dir nichts etwas anhaben. In Lukas 10,19 heißt es: *"Es ist wahr, ich habe euch Vollmacht gegeben, auf Schlangen und Skorpione zu treten und die ganze Macht des Feindes zu überwinden, und nichts wird euch schaden können."* Nichts bedeutet das Gleiche in jeder Sprache! Wenn wir diese Wahrheit glauben, annehmen und in unserem Leben anwenden, dann haben wir den stärksten Schutz, den es auf der Erde überhaupt gibt.

Es gab zum Beispiel schon viele Menschen, die versucht haben, meinen Vater (der Missionar in Afrika ist) zu töten. Sie versuchten es über viele Jahre auf verschiedenste Weise durch Zauberei oder Mittel wie Gift, Messer etc. Nichts hat funktioniert. Bei jedem Versuch hat das Gift nicht gewirkt *(„[…], wenn sie ein tödliches Gift trinken, wird ihnen das nicht schaden."* Mk 16,18). Das eine Mal hatte der Auftragskiller auf dem Weg einen Unfall und starb selbst, bevor er meinen Vater töten konnte. Ein anderes Mal konnte ein anderer Auftragskiller mit dem Messer in der Hand nicht zustechen (als ob ein Engel seine Hand festhielt). Dutzende von Versuchen durch Zauberei versagten, weil der Eine, der auf unserer Seite steht, so viel größer und stärker ist als der Feind. Wir müssen uns in ihm verbergen und ihn zu unserem Schutzschild machen (Ps 91). Ein anderes Mal wurden Dämonen gesendet, um meinen Vater zu attackieren. Doch ein Engel stand hinter ihm, um ihn zu beschützen. Ich war selbst in dem Zimmer, als es geschah. Ich könnte noch viele Geschichten anfügen. Das Wichtigste aber, was wir daraus lernen, ist, dass wenn wir Lukas 10,19 glauben, dann wird dieser Vers zu dem mächtigsten Schutzschild, den es in der geistlichen Welt gibt. Ein weiterer sehr starker Vers, wenn es um Schutz vor Flüchen geht, ist Sprüche 26,2: *„Wie ein Sperling davonflattert und eine Schwalbe wegfliegt, so ist ein unverdienter Fluch: Er trifft nicht ein."* Das bedeutet, dass wenn du glaubst, dass kein Fluch dir schaden kann, und du dem Feind keine Rechte gibst (auf eine der Arten, die wir uns angeschaut haben), und dann jemand einen Fluch gegen dich ausspricht, dann wird dieser nie aktiviert. Dein Glaube an Jesus wird dich buchstäblich vor jedem geistlichen Angriff schützen.

Ein weiterer sehr starker Schutz, der einfach umzusetzen ist, ist einfach dein Haus zu schützen. Als wir eine Frau von vielen Dämonen befreit haben, gingen diese immer noch nach Belieben in ihrem Haus ein und aus. Ich habe sie dann angewiesen, dass sie ihr Haus im Namen Jesus schützen soll. Sie soll jede Tür und jedes Fenster des Hauses mit dem Blut Jesu versiegeln und Folgendes sagen: „Im Namen Jesus werden von jetzt an keine bösen Geister durch diese Tür/ dieses Fenster kommen. Ich versiegle jeden Eingang in diesem Haus mit dem Blut von Jesus Christus. Jeder Geist, der durch Besucher hineinkommen möchte, muss draußen bleiben. Ich blockiere jeden Eingang für jede dunkle Macht durch die Kraft im Namen Jesus." Anschließend wurde es augenblicklich ruhig in ihrem Haus.

KAPITEL 7

Reinigung von verfluchtem Land, Gebäude etc.

19 – Reinigung von verfluchtem Land, Gebäude etc.

Das klingt vielleicht für manche komisch, aber Länder, Grundstücke, Objekte und Organisationen können auch verflucht sein. Es ist möglich, dass eine Hexe oder ein Zauberer schon vor Generationen einen Fluch über ein Gebäude ausgesprochen hat. Ein gläubiger Mann erzählte mir mal von einer Hotelübernachtung. In dem einen Zimmer im Hotel spukte es. Jeder, der dort übernachtet hatte, beklagte sich am nächsten Morgen an der Rezeption, wie furchteinflößend die Nacht war. Mein Freund bekam dieses Zimmer, ohne von seinem Ruf zu wissen. Er sprach im Namen Jesus Schutz aus über dem Zimmer (wie er es normalerweise tat) und am nächsten Morgen fragte man ihn an der Rezeption, wie er geschlafen hätte. Sie waren sehr überrascht, als er antwortete, dass er gut geschlafen hätte. Die Macht des Blutes Jesu Christi ist sehr viel stärker als jeder Fluch oder jede Macht der Dunkelheit.

Einmal hatten wir mit einem Fall zu tun, wo im Haus alles schieflief. Die Atmosphäre war kalt und depressiv. Ständig gab es irgendwelche Probleme. Wir wussten sogleich, dass wir es mit einem Fluch zu tun hatten. Der Herr zeigte uns, dass eine Hexe involviert war, die einen Brief mit okkulten Flüchen unter der Eingangstür vergraben hatte. Als wir anfingen zu beten, wurde die geistliche Welt wachsam und die Hexen beunruhigt. Wir brachen den Fluch über dem Haus und annullierten den vergrabenen okkulten Brief durch Gebet. Das kann auch aus der Entfernung geschehen, da Entfernung in der geistlichen Welt nicht von Belang ist. Der Herr zeigte uns auch noch ein paar andere Dinge, die nicht in Ordnung waren und am Ende haben wir das ganze Haus und die Familie dem Herrn geweiht. Der Druck löste sich augenblicklich und die Atmosphäre veränderte sich von da an drastisch. Alle Macht der Dunkelheit wurde in einem Moment vertrieben.

In Fällen, wo die Angriffe durch Hexerei weiter andauern, ist es sehr wichtig, dass, nachdem das Haus gereinigt wurde und frei ist, es täglich durch das Blut Jesus Christus geschützt wird. Dies ist ganz besonders für die Türen und Fenster des Hauses wichtig. Okkulte Dämonen, Hexen, Zauberer und dergleichen sind sehr stur und geben nicht so leicht auf. Mit Jesus sind wir aber auf der sicheren Seite und brauchen uns nicht zu sorgen. Wir sollten uns jedoch in unserem geistlichen Kampf auf den Schutz seines Blutes berufen.

Es gibt einen Weg, wie wir Grundstücke, Gebäude etc. reinigen können:

1. Es ist immer gut, die offiziellen Besitzer dabei zu haben oder seine/ihre Zustimmung zu haben, um Flüche über Grundstücken zu brechen. Wenn sie nicht zustimmen, kannst du immer noch die Mächte der Dunkelheit binden, aber du wirst wahrscheinlich eingeschränkt sein. Der Freund, von dem ich berichtet habe, war zwar von dem Fluch nicht betroffen, aber das bedeutet nicht, dass dieser vollkommen von dem Hotelzimmer entfernt wurde.

2. Finde heraus, was auf dem Grundstück in der Vergangenheit geschehen ist. Fanden okkulte Praktiken statt, gab es eine Verbindung zu Freimaurern, Gewalt, sexuelle Aktivitäten, Kriminalität etc.? Stelle Dinge wieder richtig, wo es nötig und möglich ist.

3. Entscheide dich, den Menschen, die dies getan haben oder Teil davon waren oder die Flüche und Zaubersprüche über das Grundstück ausgesprochen haben, zu vergeben. Sprich es laut aus, dass du ihnen vollständig vergeben hast. Die geistliche Welt ist sich sehr bewusst, was dabei geschieht.

4. Wenn du Besitzer bist, dann gestehe diese Sünden ganz spezifisch, nenne sie beim Namen und tue Buße, damit auch die Vergebung angenommen werden kann und das gesamte Problem behoben werden kann. Wenn die Sünden von anderen begannen wurden, dann gestehe und tue Buße an ihrer Stelle.

5. Du beziehst dich auf das himmlische Reich und erklärst jetzt, dass du im Namen Jesus rechtliche und geistliche Autorität über alle Mächte der Finsternis in dem Gebäude hast. Dann brichst du die Flüche, Zaubersprüche und jede dämonische Aktivität voller Autorität im Namen Jesus. Setze das Gebäude frei im Namen Jesus und befehle den dunklen Mächten, für immer zu verschwinden. Stelle dabei sicher, dass du alles um das Gebäude, und was sonst dazugehört, miteinschließt. Je nachdem kannst du das tun, indem du von einem Zimmer zum anderen und auf dem Grundstück umher gehst oder in dem du vielleicht auch die Ecken des Gebäudes berührst. Tue dies mit Autorität.

6. Danach weihst du das ganze Gebäude Gott. Wenn du möchtest, kannst du auch die vier Ecken mit Öl salben und darüber beten. Bete, dass Gottes Gegenwart in das Gebäude kommt und bitte den Heiligen Geist, dass er jedes einzelne Zimmer erfüllt. Verkünde, dass du Jesus zum König über das Gebäude gemacht hast und dich seiner Autorität unterordnest.

7. Schütze das gesamte Gebäude durch den Namen Jesus. Versiegle es mit dem Blut von Jesus Christus und stelle damit eine effektive Abwehr gegen dämonische Mächte sicher.

Manchmal offenbart Gott den Zustand des Gebäudes nur schrittweise, sodass es nicht möglich ist, in einem Mal durch den Prozess zu gehen. Sei offen für den Heiligen Geist und bitte Gott, dass er die Wahrheit offenbart. Sei gehorsam und befolge das, was er dir zeigt.

David Ohin

KAPITEL 8

Gebet für Heilung

20 – Warum ist es wichtig, für Heilung zu beten?

Häufig folgt auf die Befreiung auch die Heilung durch Gott. Ich habe überrascht festgestellt, dass viele Schmerzen und Krankheiten dämonischen Ursprungs sind. Das bedeutet, dass die Symptome häufig sofort verschwinden, wenn die Person von Dämonen freigesetzt wurde. In manchen Fällen jedoch verschwinden zwar die Dämonen, aber die Schmerzen und Krankheiten bleiben. Dafür gibt es zwei Erklärungen. Die eine ist, dass die Wurzel nicht dämonischer Art war, sondern es sich um eine normale Krankheit oder Schmerzen handelt, die unabhängig von dem dämonischen Einfluss sind. Die zweite Erklärung ist, dass zwar die Ursache dämonisch war, aber aus irgendeinem Grund Schmerz oder Krankheit geblieben sind. In beiden Fällen ist es wichtig, dass wir für Heilung beten.

Ich habe viele Heilungen gesehen, sogar Ohren, die sich nach Jahrzehnten der Taubheit wieder öffneten. Allerdings habe ich auch viele gesehen, die nicht geheilt wurden. Ich bin noch weit von da, wo ich gerne sein möchte, und da ist noch viel Potenzial für mich zu wachsen. Ich möchte ein paar Gedanken weitergeben, um dich zu inspirieren und dir zu helfen, darin zu wachsen, dass es ganz natürlich wird, für die Heilung von Menschen zu beten.

Zuerst ist wichtig klarzustellen, dass Gott auch an Heilung interessiert ist. Mein Ziel ist es, dir zu zeigen, dass es Gottes Herz ist zu heilen. Es gibt viele verschiedene Einwände, die Menschen haben, und die sie davon abhalten, an Heilung zu glauben oder dafür zu beten. Meine Absicht ist nun, so viele von diesen Einwänden wie möglich aus dem Weg zu räumen, sodass dein Herz und Geist frei sind und du mit Glauben beten kannst.

Wenn du einmal weißt, ob Heilung Gottes Wille ist, wird es so viel einfacher, für Menschen zu beten. Wir scheuen uns oft für Heilung zu beten, weil wir nicht sicher sind, ob es Gottes Wille ist, die Person zu heilen. Dieser Gedanke nimmt uns bereits ein großes Stück Glaube weg. Wenn wir dieses Problem sorgsam untersuchen, müssen wir nach guten Argumenten suchen, die belegen, dass Gott die Person vielleicht nicht heilen möchte. Am Ende suchen wir nach biblischen Beweisen entweder dafür, dass Gott heilen möchte oder nicht.

Schauen wir uns mal die stärksten Argumente an, denen ich begegnet bin, die sagen, dass es nicht Gottes Wille ist zu heilen. Sie sprechen jeweils von „ihrer Erfahrung". Das ist vielleicht nicht das stärkste Argument. Sie sagen: „Meiner Erfahrung nach hat Gott nicht immer geheilt." Dies ist fern von Versen wie dem Folgenden:

Jesus zog durch alle Städte und Dörfer jener Gegend. Er lehrte in den Synagogen, verkündete die Botschaft vom Reich Gottes und heilte <u>alle</u> <u>Kranken und Leidenden</u>. (Mt 9,35) (Hervorhebung durch Autor)

Dieser Vers zeigt, dass Jesus buchstäblich jede Krankheit und jedes Leiden geheilt hat. „Meine Erfahrung" kommt da nicht ran. In dem Moment, wenn wir vergleichen, geschieht etwas. Unser Maß an Glauben sinkt zu Boden. Warum sollte mein Glaube schrumpfen, wenn das Wort Gottes dazu bestimmt ist, unseren Glauben zu stärken? Römer 10,17 lehrt uns: *„Wie wir gesehen haben, setzt der Glaube das Hören der Botschaft von Christus voraus."* Kurz bevor dein Glaube versagt, hast du unbewusst zwei Entscheidungen getroffen:

1. Du glaubst an das Wort Gottes. Das war die richtige Entscheidung.

2. Danach hast du aber nicht hingehört, was das Wort Gottes zu dir persönlich sagt. Stattdessen hast du auf die falsche Stimme gehört. Die Stimme kommt von der Person in dir, die „meine Erfahrung" heißt. Das Problem ist, dass diese Stimme so laut war, dass du nicht mehr hören konntest, was das Wort Gottes sagt. Du hast es als Wahrheit angenommen und das Resultat war augenblickliche Verwirrung und dein Glaube hat sich in Luft aufgelöst.

Du hast deine Erfahrung über das Wort Gottes gestellt und somit wurde die Stimme deiner Erfahrung viel lauter und wieder zu deiner Realität.

Die Frage ist nun, wie wir dafür sorgen können, dass die Stimme „Wort Gottes" lauter ist als die Stimme „meine Erfahrung". Das Wichtigste dabei ist das Folgende:

Entscheide dich, Gottes Wort mehr zu glauben als dem, was du bis jetzt in deinem Leben erfahren hast. Ich kann mich erinnern, als ich vor vielen Jahren einmal schlimme Bauchschmerzen hatte. Ich wollte gerade in mein Auto einsteigen. Zu dem Zeitpunkt hatte ich selten für andere gebetet und entschied mich, mit meinem eigenen Körper anzufangen. Ich blieb in einer Haltung, wo es am schmerzhaftesten war, und legte meine Hände auf meinen Bauch. Ich entschied mich, nicht auf die laute Stimme meiner Erfahrung zu vertrauen. Ich betete ungefähr so: Im Namen Jesus Christus befehle ich den Bauchschmerzen zu gehen! Im Namen Jesus GEH! Ich fuhr fort, so zu beten und konzentrierte mich bewusst auf den Bibelvers *„durch seine Wunden sind wir geheilt"* (Jes 53,5). Die Stimme der Erfahrung wurde immer leiser, durch die Kraft von Jesaja 53 *„durch seine Wunden sind wir geheilt".* Gleichzeitig bemerkte ich, dass meine Bauchschmerzen schnell schwächer wurden. Ich machte weiter und der Schmerz verschwand. Mein Glaube hob ab und ich fühlte mich glücklich und siegreich.

Was genau ist geschehen? Meine Aufmerksamkeit wechselte von meiner Erfahrung zum Wort Gottes. Durch meine bewusste Entscheidung habe ich das Wort Gottes mehr geehrt als meine Erfahrung. Und als ich das tat, erlebte ich wie *„Glaube vom Hören kommt".* Ich konnte auf einmal die Bibel lauter hören als meine Erfahrung. Dadurch konnte ich erfahren, was das Wort Gottes schon zu Beginn sagte.

Ich glaube, dass dies eine gute Strategie ist, um die Entwicklung im Glauben zu fördern, bis die *„Heilung jeder Krankheit und jedes Leides"* unsere neue Realität wird. Ich fühle mich immer noch weit davon entfernt, aber je öfter ich meine Erfahrung zum Schweigen bringe, desto mehr wird die biblische Realität zu meiner eigenen. Es kommt darauf an, wie wir uns entscheiden, unser Leben auszurichten.

Ein weiteres starkes Argument ist „mein eigener Glaube". Das klingt zu Beginn sehr seltsam. Natürlich hat jeder seinen eigenen Glauben! Ist das falsch? Die Antwort ist einfach. Stimmt dein eigener Glaube nicht mit der

Bibel überein, so ist er falsch. Unser Glaube ist sehr kraftvoll. Menschen haben schon die verrücktesten Dinge getan, weil sie an etwas glaubten. Wir handeln nach unserem Glauben. Das tun wir ohne nachzudenken. Wir öffnen die Kühlschranktür, weil wir glauben, dass sich etwas darin befindet. Wir gehen arbeiten, weil wir glauben, dass wir am Ende des Monats dafür bezahlt werden. Vieles, was wir tun, kann auf das zurückgeführt werden, was wir glauben. Und Glaube spielt auch eine wichtige Rolle, wenn es um Heilung geht. Der Grund dafür ist, dass du bereits dein eigenes Glaubenssystem aufgebaut hast und deine eigene Lehre hast, basierend auf dem, was du in der Vergangenheit gehört hast und dem Einfluss der Menschen um dich. Was du in der Vergangenheit gelesen hast, hat dein Glaubenssystem geformt. Deine Informationsquellen haben deinen Glauben geformt und diese sind entweder biblisch oder nicht.

Lasst uns einen Vorfall in der Bibel anschauen:

Die Bewohner des Ortes erkannten Jesus und benachrichtigten die ganze umliegende Gegend. Daraufhin brachte man alle Kranken zu ihm und bat ihn, er möge sie doch wenigstens den Saum seines Gewandes berühren lassen. Und alle, die ihn berührten, wurden geheilt. (Mt 14,35-36) (Hervorhebung durch Autor)

Warum wollten diese Menschen das Gewand von Jesus berühren? Sie habe einfach geglaubt, dass sie dadurch geheilt werden. Wie sind sie überhaupt zu diesem Glauben gekommen? Was war die Geschichte des Glaubens in Bezug auf Heilung? Wie konnten sie so sicher sein, dass sie geheilt würden, wenn sie seine Kleider berührten? Es gab höchst wahrscheinlich zwei Gruppen von Menschen. Die erste Gruppe glaubte, weil sie gesehen haben, wie andere vor ihren Augen geheilt wurden. Die zweite Gruppe beinhaltet die, welche es zuvor nie gesehen haben. Sie haben aber von anderen davon gehört. Damit kommen wir zurück zu der Schriftstelle: *„Wie wir gesehen haben, setzt der Glaube das Hören der Botschaft von Christus voraus."* (Röm 10,17). Es kam buchstäblich vom Wort Gottes. Meinst du, sie hätten zuerst in der Bibel davon gelesen? Nicht unbedingt! Sie hörten es von Jesus selbst und wir lesen in Johannes 1,14, dass er das Wort Gottes ist.

Wenn „mein eigener Glaube" sagt, dass du nur dann geheilt werden kannst, wenn da keine Sünde mehr ist, dann kann dieser Glaube ein Hindernis werden, um Heilung zu empfangen. Wir lesen nie, dass Jesus auf diese Art geantwortet hat. Wenn mein eigener Glaube mit einer lauten, religiösen Stimme schreit: „Es ist nicht Gottes Wille, dass du geheilt wirst, weil Gott diese Krankheit benutzt, um deinen Charakter zu formen", dann ist es sehr wahrscheinlich, dass dein Glaube dadurch blockiert wird. Die Wahrheit ist jedoch, dass Jesus nie so geantwortet hat. Er hat nie gesagt: „Diese Krankheit dient dir, um heiliger zu werden." So klingt nur die Stimme meiner eigenen Überzeugungen. Wir lesen:

Jeder versuchte, ihn zu berühren; denn es ging eine Kraft von ihm aus, die alle gesund machte. (Lk 6,19)

Aber die Leute merkten es und folgten ihm in großen Scharen. Jesus wies sie nicht ab, sondern sprach zu ihnen über das Reich Gottes; und alle, die Heilung nötig hatten, machte er gesund. (Lk 9,11) (Hervorhebung durch Autor)

Vielleicht ist es an der Zeit alles, was meine eigenen Überzeugungen sind, herauszufordern und zu prüfen, ob Jesus übereinstimmt?

21 – Ich bin aber nicht Jesus

Du sagst jetzt vielleicht: „Das klingt ja alles schön und gut, aber ich bin nicht Jesus!" Wir müssen diesen zentralen Aspekt der Lehre als einen der Grundsteine ansehen, ohne den das ganze Gebäude später einstürzen würde.

Wir wissen, dass Jesus alle geheilt hat, die zu ihm gekommen sind und keine einzige Person zurückgewiesen hat. Wir wissen auch, dass Jesus zu 100 % den Willen des Vaters befolgt hat, auch was Heilung und Befreiung von bösen Geistern betraf. In Johannes 6,38 sagt Jesus: *„Denn ich bin nicht vom Himmel herabgekommen, um das zu tun, was ich selber will, sondern um den Willen dessen zu erfüllen, der mich gesandt hat."* Das bestätigt uns, dass es auch der Wille des Vaters war, dass alle Heilung empfangen. Wir könnten nun einwenden: „Aber Jesus war zu 100 % Mensch und zu 100 % Gott, als er auf der Erde war! Macht das nicht den Unterschied? Er war zu 100 % Gott und wir nicht!" Lasst uns dieses Argument analysieren. Damit sagen wir, dass Gott zwar durch Jesus alle geheilt hat, weil er Gott war, aber da wir es nicht sind, zögert er, durch uns ebenfalls zu heilen. Das Herz des Vaters ist immer zu heilen. Jesus wurde gesandt, um genau das Gleiche zu tun (Mt 10,8). Sein Anliegen war, zu heilen, weil sein Herz mit dem Herz des Vaters vereint war. Die Frage ist also, ob Jesus 2000 Jahre später die Meinung geändert hat oder nicht. Aus Hebräer 13,8 *(„Denn Jesus Christus ist immer derselbe – gestern, heute und in alle Ewigkeit.")* wissen wir, dass Jesus sich nicht verändert hat. Dadurch haben wir die Zuversicht, dass er sich immer noch um die Kranken kümmern will, so wie er es vor 2000 Jahren getan hat. Alles andere würde nicht dem Herz Gottes entsprechen.

Lasst uns eine andere wichtige Stelle in Apostelgeschichte 10,38 ansehen.

„Jesus von Nazaret wurde von Gott mit dem Heiligen Geist gesalbt und mit Kraft erfüllt und zog dann im ganzen Land umher, tat Gutes und heilte alle, die der Teufel in seiner Gewalt hatte; denn Gott war mit ihm."

(Hervorhebung durch Autor) Da steht nicht, dass Jesus alle geheilt hat, weil er Gott war (auch wenn er das war und immer noch ist). Es heißt, dass er alle geheilt hat, weil Gott mit ihm war. Da Gott auch mit dir und mir ist, können wir das Gleiche tun, wie er uns in Matthäus 28,20 verspricht. *„Und seid gewiss: Ich bin jeden Tag bei euch, bis zum Ende der Welt."* Gott hat Jesus dazu gesalbt, diese Werke zu vollbringen, und Jesus salbt jeden einzelnen wiedergeborenen Christen, wie wir in 1. Johannes 2,27 lesen. *„Der Heilige Geist, mit dem Christus euch gesalbt hat, ist in euch und bleibt in euch."* Es ist eindeutig, dass Jesus will, dass wir unser Leben so leben, wie er auf dieser Welt gelebt hat. So wird er am meisten verherrlicht, nicht durch Krankheit. Hier kommen ein paar kraftvolle Verse, welche diese Wahrheit betonen:

Wer von sich sagt, er sei mit ihm verbunden und bleibe in ihm, der ist verpflichtet, so zu leben, wie Jesus gelebt hat. (1. Joh 2,6) (Hervorhebung durch Autor)

Wenn das bei uns der Fall ist, hat uns die Liebe von Grund auf erneuert. Dann werden wir dem Tag des Gerichts voll Zuversicht entgegensehen können; denn auch wenn wir noch in dieser Welt *leben, sind <u>wir doch wie Christus mit dem Vater verbunden</u>. (1. Joh 4,17) (Hervorhebung durch Autor)*

Ich versichere euch: Wer an mich glaubt, <u>wird die Dinge, die ich tue, auch tun</u>; ja er wird sogar noch <u>größere Dinge tun</u>. Denn ich gehe zum Vater, und alles, worum ihr dann in meinem Namen bittet, werde ich tun, damit durch den Sohn die Herrlichkeit des Vaters offenbart wird. (Joh 13,12-13) (Hervorhebung durch Autor)

Sei ermutigt und bete, dass dich der Heilige Geist immer mehr Jesus Christus ähnlich macht in jedem Bereich deines Lebens!

22 – Vollmacht und Kraft über Krankheit

Da wir in den letzten beiden Kapiteln einige wesentliche Aspekte festgelegt haben, möchte ich ein weiteres Schlüsselelement etwas näher ausführen. Wir müssen die Autorität verstehen, die Jesus selbst uns gegeben hat. In Lukas 9,1 lesen wir: *„<u>Jesus rief die zwölf Jünger zusammen und gab ihnen Kraft und Vollmacht, alle Dämonen auszutreiben und die Kranken zu heilen.</u>"* Der letzte Teil des Verses zeigt deutlich auf, dass wir die gleiche Vollmacht haben, um Kranke zu heilen. Anders gesagt ist uns die Vollmacht über Krankheiten und Gebrechen gegeben. Beachte aber auch, dass wir unter Autorität handeln, da wir den Befehl von Jesus ausführen, wie der Hauptmann sagte: *„Ich unterstehe ja selbst dem Befehl eines anderen und habe meinerseits Soldaten unter mir."* (Mt 8,9). Ein König hat Autorität. Wenn er einen Befehl ausspricht, dann wird der in der Regel seinen Wünschen entsprechend ausgeführt. Entscheiden sich die Menschen, sich dagegen aufzulehnen, dann kann der König seinen Befehl mithilfe der Armee durchsetzen. Normalerweise genügt seine Autorität, aber manchmal braucht es mehr und er setzt militärische Macht ein. Die biblischen Begriffe dafür sind „exousia" (Autorität/Vollmacht) und „dunamis" (Kraft). Wir lesen in Lukas 10,19: *„Es ist wahr, ich habe euch Vollmacht (exousia) gegeben, auf Schlangen und Skorpione zu treten und die ganze Macht des Feindes zu überwinden [...]".* (Hervorhebung durch Autor) Ich habe sofortige und allmähliche Heilungen am Telefon miterlebt. Wie ist das passiert? Es geschah in Vollmacht, weil ich zu dem Schmerz oder der

David Ohin

Krankheit sprach und ihr befahl zu gehen. Sollte das nicht funktionieren, dann hat Gott uns ein zweites Mittel namens Kraft (dunamis) gegeben. Das ist, wenn du die Krankheit (die kranke Person) berührst, indem du zum Beispiel Hände auflegst. Der Heilige Geist lebt in dir und deshalb bist du mit seiner Kraft erfüllt. Als Resultat fließt Kraft von dir aus und zerstört Schmerz und Krankheit. Hier sind ein paar Bibelstellen als Beispiel:

„In allen Dörfern, Städten und Gehöften, in die er kam, legte man die Kranken auf die Plätze und Straßen und bat ihn, er möge sie doch wenigstens den Saum seines Gewandes berühren lassen. Und alle, die ihn berührten, wurden geheilt." (Mk 6,56) *(Hervorhebung durch Autor)*

"[...] drängte sich von hinten an Jesus heran und berührte den Saum seines Gewandes. Im selben Augenblick hörten die Blutungen auf." (Lk 8,44)

"Jeder versuchte, ihn zu berühren; denn es ging eine Kraft (dunamis) von ihm aus, die alle gesund machte." (Lk 6,19) (Hervorhebung durch Autor)

Eine weitere starke Stelle finden wir in Römer 8,11, wo die oben erwähnten Wahrheiten bestätigt werden:

"Nun ist ja der Geist, der in euch wohnt, der Geist dessen, der Jesus von den Toten auferweckt hat. Und weil Gott Christus von den Toten auferweckt hat, wird er auch euren sterblichen Körper durch seinen Geist lebendig machen, durch den Geist, der in euch wohnt." (Röm 8,11) (Hervorhebung durch Autor)

Der Heilige Geist, der Jesus bevollmächtigt hat, wird auch dich bevollmächtigen. Wenn du nicht vor Ort selbst bist, bleibt dir die Vollmacht, ansonsten hast du beides zur Verfügung.

Wann immer du Vollmacht ausdrückst, ist es entscheidend, dass du weißt, dass du die Vollmacht tatsächlich besitzt. Wenn du einem Land Befehle erteilst, wie es Könige tun, dann wird nichts geschehen, da du nicht die Autorität eines Königs hast. Schreitest du in eine Firma und fängst an, Befehle auszuteilen, wird ebenfalls nichts geschehen, weil du nicht für die

Firma verantwortlich bist. Dir fehlt die Autorität, weil dir keine Vollmacht über das Land oder die Firma gegeben wurde. Zudem würde deine Stimme unsicher und schwach klingen, wenn du Befehle und Anordnungen gibst, weil du dir bewusst bist, dass du in dem Land oder der Firma nichts zu sagen hast. Geht es aber um das Thema Heilung, dann hast du etwas zu sagen. Jesus selbst hat dir die Vollmacht über Krankheiten gegeben und dich angewiesen, sie einzusetzen. (*„Heilt Kranke, weckt Tote auf, macht Aussätzige rein, treibt Dämonen aus. Was ihr umsonst bekommen habt, das gebt umsonst weiter."* Mt 10,8) Es ist ein Befehl von Jesus, der dir auch die Vollmacht dazu gegeben hat. Wir können in Zuversicht und vereint mit ihm beten.

23 – Zwei starke Werkzeuge

In Matthäus 15,21-28 lesen wir eine starke Geschichte, von der wir viel lernen können:

21 Jesus machte sich wieder auf den Weg und zog sich in das Gebiet von Tyrus und Sidon zurück.

22 Da kam eine kanaanäische Frau aus jener Gegend und rief: »Herr, du Sohn Davids, hab Erbarmen mit mir! Meine Tochter wird von einem Dämon furchtbar gequält.«

23 Aber Jesus gab ihr keine Antwort. Schließlich drängten ihn seine Jünger: »Erfüll ihr doch die Bitte, sie hört ja nicht auf, hinter uns herzuschreien!«

24 Er aber entgegnete: »Ich bin nur zu den verlorenen Schafen des Volkes Israel gesandt.«

25 Da kam die Frau näher, warf sich vor Jesus nieder und bat: »Herr, hilf mir!« 26 Jesus wehrte ab: »Es ist nicht recht, den Kindern das Brot wegzunehmen und es den Hunden vorzuwerfen.« – 27 »Das stimmt, Herr«, erwiderte sie, »aber immerhin fressen die Hunde die Brotkrumen, die vom Tisch ihrer Herren herunterfallen.«

²⁸ Da sagte Jesus zu ihr: »Frau, dein Glaube ist groß! Was du willst, soll geschehen.« Von diesem Augenblick an war ihre Tochter gesund.

Was für eine ungewöhnliche Situation, nachdem wir uns angesehen haben, wie es Gottes Herzensanliegen ist zu heilen! Eine entmutigendere Situation, als sie diese Frau hatte, kann man gar nicht haben! Sie kam zu Jesus, um Heilung für ihre Tochter zu erbitten. Was war die Antwort? Da war gar keine! Das ist noch schlimmer als ein „Nein": Jesus (der Gott war) hat nicht geantwortet. Er hat die Frau einfach ignoriert. Es ist schon schlimm genug, wenn dich Freunde oder Eltern ignorieren, aber wenn dich Gott ignoriert, hast du ein großes Problem. Jetzt wird es noch schlimmer. Nicht nur, dass Jesus sich weigerte zu antworten, sondern seine Jünger haben ihn in ihrer Gegenwart ermutigt, sie loszuwerden. Das war das genaue Gegenteil von dem, was die Frau sich vorgestellt hatte. Die meisten von uns kämen zu der Schlussfolgerung, dass ihre Bitte offensichtlich nicht der Wille Gottes war. Und mit dieser Schlussfolgerung würden wir den Kampf aufgeben. Wenn Gott Nein sagt, wer bin ich dann, dass ich weitermache? Das wäre für die meisten von uns die Schlussfolgerung. Aber nicht für diese kanaanäische Frau! Sie besaß eine gesunde Sturheit. Beachte die zwei Mittel, die sie im Kampf für ihre Tochter einsetzte.

Sie hatte <u>Beharrlichkeit</u> und <u>Demut</u>. Trotz der Entmutigungen hatte sie voller Beharrlichkeit weiter gemacht. Dann ging sie vom „ignoriert werden" zur <u>scheinbaren</u> Ablehnung durch Jesus. Wenigstens bekam sie dann eine Antwort: *„Ich bin nur zu den verlorenen Schafen des Volkes Israel gesandt."* Hatte das die Frau bewegt? Kein bisschen! Stattdessen setzte sie das zweite Mittel ein, dass sie zur Verfügung hatte: Demut. Sie war eine sehr demütige Mutter, wie ihre unmittelbare Reaktion Jesus anzubeten aufzeigte. *„Da kam die Frau näher, warf sich vor Jesus nieder und bat: „Herr, hilf mir!"* In einer Haltung der Anbetung bat sie um Hilfe. Wäre uns nach einer Tat des Lobpreises gewesen in einem solchen Moment? Als Nächstes musste sie sich anhören, wie sie mit einem Hund verglichen wurde. Ihr demütiger Geist stieß sich aber nicht daran. Jesus erklärte ihr, dass Heilung und Befreiung nur für die Juden sei. Die Frau wies aber voller Überzeugung darauf hin, dass die Hunde die Brotkrumen fressen. Sie hätte sich nicht weiter demütigen können. Das war der Wendepunkt. Danach wandte sich die Situation komplett. Dieselbe göttliche Person, die sie zu Beginn ignoriert hatte, sagte nun: *„Frau, dein Glaube ist groß! Was du willst, soll geschehen."* Was für eine Wendung! Was für ein starker Sieg! In dem Moment ist etwas Gewaltiges in ihrem Haus geschehen. Ihre Tochter wurde geheilt. Die Frau ging weg mit der echten Gewissheit, dass sie durch den Einsatz von Beharrlichkeit und Demut Heilung errungen hat.

Die Frage, die man hier stellen kann, ist: Hatte Gott seine Meinung geändert, wenn er erst „Nein" und dann „Ja" sagte? Gott hat nicht seine Meinung geändert. Jakobus 5,12 sagt: *„Euer Ja soll ein Ja sein und euer Nein ein Nein; andernfalls werdet ihr nicht bestehen können, wenn Gott Gericht hält."* Jesus hat auch zu Beginn nicht Nein gesagt, aber es kann leicht als solches interpretiert werden aufgrund von unserer angenommenen Theologie, Stolz oder mangelndem Durchhaltevermögen.

Durch das Kreuz sind Heilung und Befreiung jetzt nicht nur für die Juden, sondern auch für die Heiden. Das heißt, wenn die kananäische Frau Heilung für ihre Tochter erhielt, als sie vor dem Kreuz gesetzlich kein Recht hatte, wie viel mehr werden wir sie empfangen, wo es uns durch das Kreuz rechtlich zusteht!

Gott liebt hartnäckige Menschen. Dies sehen wir auch in einem Gleichnis in Lukas 11, 5-8 illustriert:

Weiter sagte Jesus zu seinen Jüngern: „Angenommen, einer von euch hat einen Freund. Mitten in der Nacht sucht er ihn auf und sagt zu ihm: „Bitte leih mir doch drei Brote! Ein Freund von mir hat auf der Reise bei mir Halt gemacht, und ich habe nichts, was ich ihm anbieten könnte." Und angenommen, der, den er um Brot bittet, ruft dann von drinnen: „Lass mich in Ruhe! Die Tür ist schon abgeschlossen, und meine Kinder und ich sind längst im Bett. Ich kann jetzt nicht aufstehen und dir etwas geben." Ich sage euch: Er wird es schließlich doch tun – wenn nicht deshalb, weil der andere mit ihm befreundet ist, dann doch bestimmt, <u>weil er ihm keine Ruhe lässt.</u> Er wird aufstehen und ihm alles geben, was er braucht."
(Hervorhebung durch Autor)

Ich kann mich erinnern, wie ich einmal für jemanden wiederholt gebetet habe und nichts geschah. Es wurde langsam etwas peinlich, als ich ihn immer wieder fragte, ob ich noch einmal für ihn beten könne. Zögernd hat er mir erlaubt, weiterzumachen und dachte vermutlich, dass es wohl keinen Unterschied mache, wenn ich noch einmal bete. Als ich aber „noch einmal" betete, veränderte sich plötzlich etwas. Manchmal zahlt sich Hartnäckigkeit aus.

24 – Glaube für jemand anderes haben

Es gibt noch eine weitere bemerkenswerte Lektion, die wir aus der Geschichte von der Frau aus Kanaan lernen können. Was genau hat sie zu Jesus gesagt, als sie um Heilung für ihre Tochter bat? Sie sagte: *„Herr, du Sohn Davids, hab Erbarmen mit mir!"* Nicht die Frau war krank, sondern ihre Tochter und trotzdem sagt sie: *„Hab Erbarmen mit mir."* Wir können an der Stelle von anderen zu Gott kommen. Der Schmerz ihrer Tochter wurde zu ihrem eigenen. Oft sind Menschen in Not nicht mehr selbst in der Lage für ihre Heilung oder Befreiung zu beten. Dies trifft besonders auf Kinder zu.

Diese Situation bestätigt, dass wir für jemand anderes Glauben haben können. Die Frau glaubte für ihre Tochter. In Matthäus 15,28 sagt Jesus zu ihr: *„Frau, dein Glaube ist groß!"* Er bezieht sich hier auf den Glauben der Mutter, nicht der Tochter. Es gibt noch mehr Geschichten in der Bibel, die uns das gleiche Prinzip lehren. Da ist zum Beispiel die Geschichte von den vier Freunden, die ihren gelähmten Freund auf der Barre zu Jesus bringen. Da heißt es: *„Als Jesus ihren Glauben sah [...]"* (Mk 2,5). Es war nicht der Glaube der kranken Person, sondern jener der Freunde. Die vier Männer hatten Glauben für den gelähmten Freund. Eine noch eindeutigere Situation ist allerdings, als Jesus Lazarus vom Tod erweckt. Wessen Glaube ist da im Fokus? Sicherlich nicht der von Lazarus, denn er war Tod. Es war der Glaube von Jesus (Joh 11,43).

Dies zeigt uns, dass wir unter keinen Umständen die Person beschuldigen dürfen, nicht genug Glaube zu haben, wenn er/sie nicht geheilt wird. Zu oft werden kranke Menschen für ihren Unglauben beschuldigt, was mich persönlich traurig macht. Natürlich kann der Glaube der kranken Person zu Heilung führen. Ich erinnere mich an eine Situation, als ich für eine Frau gebetet habe und sie wurde auf der Stelle gesund. Ich weiß genau, wessen

Glaube da gewirkt hat. Es war nicht meiner. Wenn beide daran glauben, noch besser. Ich persönlich erwarte aber von der Person, die betet, dass er/sie mehr Verantwortung übernimmt. Damit meine ich aber nicht, dass wenn nichts geschieht, die Person, die gebetet hat, schuld daran ist. Findet keine Heilung statt, geben wir die emotionale Last Jesus ab. Wir beschuldigen aber nicht die kranke Person dafür. Als nichts geschah, als ich wiederholt für eine Person gebetet habe, wies ich darauf hin, dass Jesus ihn geheilt hätte, wäre er persönlich vor Ort gewesen. Damit verwies ich darauf, dass es immer noch Gottes Wille war, dass die Person geheilt wird. Mein mangelnder Glaube stand im Weg. Ich kam nicht zu der Schlussfolgerung, dass Gott wollte, dass die Person krank blieb, aber ich beschuldigte auch nicht mich selbst dafür, dass es nicht zu dem Wunder kam. Wir lernen und wachsen zusammen.

Diese Geschichte lehrt uns auch, dass in der geistlichen Welt Glaube, Heilung und Befreiung nicht durch Distanz limitiert sind.

25 – Wie wir für Heilung beten

Es ist wichtig zu beachten, dass Jesus nie den Vater bat: „Bitte heile diesen Mann" oder „bitte befreie diese Frau von ihrem Dämon." Er befahl dem Dämon zu gehen oder sprach direkt zu der Krankheit oder kranken Person. Wir müssen von Jesus lernen und das Gleiche tun, denn er ist in allem im Leben unser großes Vorbild. Manche Menschen wenden ein anderes Prinzip an, dass wir auch bei Jesus sehen. Sie danken Gott einfach für die Heilung und beziehen sich auf die bereits vollbrachte Tat. Es gibt keine Gebetsvorlage. Ich möchte nur ein Beispiel geben, wo du anfangen kannst. „In Jesu Namen Bauchschmerzen verschwindet und Verdauungstrakt sei wieder komplett hergestellt. Ich lasse die Heilungskraft von Jesus Christus durch diesen Bauch fließen und erkläre, dass der gesamte Verdauungstrakt vollkommen geheilt wird durch das Blut Jesus Christus." Oder du kannst einfach die Wahrheit über den Bauch aussprechen, indem du sagst: „Durch Jesu Wunden ist dieser Bauch vollständig geheilt, und das Verdauungssystem beginnt wieder zu 100 % richtig zu arbeiten. Ich danke dir, Herr, dass du dafür bezahlt hast, dass dieser Bauch durch dein Blut geheilt wird." Du befiehlst im Grunde genommen, dass die Krankheit oder der Schmerz verschwindet und die Ursache dafür geheilt und wiederhergestellt wird, indem du direkt zu dem Problem sprichst oder indem du Gott für das Ergebnis dankst. Damit wendest du die Wahrheit aus Jesaja 53,5 *"durch seine Wunden sind wir geheilt worden"* oder anderen Schriftstellen an.

Wenn Gott dir einen Befehl gibt, etwas zu tun, dann brauchst du ihn nicht zu bitten, die Arbeit zu tun, denn er hat dir die Arbeit aufgetragen. Das bedeutet, dass wir die Arbeit nicht an Gott zurückgeben sollten. Du kannst Gott bitten, dir zu helfen und dich auszurüsten, das ist etwas ganz anderes. Die Bibel sagt in Matthäus 10,7-8: *„Geht und verkündet: „Das Himmelreich ist nahe."* Heilt Kranke, weckt Tote auf, macht Aussätzige rein, treibt Dämonen aus. Was ihr umsonst bekommen habt, das gebt umsonst weiter." Wenn wir frei empfangen haben, bedeutet das, dass wir nicht durch Gebete oder auf eine andere Art dafür gearbeitet haben. Es war umsonst. Wenn du mit dieser Haltung für die Kranken betest, dann hängt deine Grundlage für die Heilung zu 100 % davon ab, was Jesus getan hat und deshalb wird die Person wahrscheinlich geheilt. Verlasse dich nicht darauf, wie heilig du bist, wie viel du gebetet oder gefastet hast etc. Es sind die Wunden Jesu, auf die wir uns verlassen. Nachdem Petrus und Johannes für den Gelähmten gebetet haben, sagten sie: *„[...] warum seid ihr so überrascht, dass dieser Mann auf einmal gehen kann? Warum staunt ihr uns an, als hätten wir das mit unserer Kraft und unserer Frömmigkeit zustande gebracht?"* (Apg 3,12) *(Hervorhebung durch Autor)* Wir verlassen uns nie auf unsere eigene Frömmigkeit oder eine andere Form von Verdienst, sondern zu 100 % auf das, was Jesus bezahlt hat. Es hat nichts mit uns zu tun. Gott hat uns als seine Werkzeuge auserwählt.

26 – Das Wichtigste beim Heilungsdienst ist Liebe

Das Kapitel von 1. Korinther 13 endet mit diesem starken Vers: *„Was für immer bleibt, sind Glaube, Hoffnung und Liebe, diese drei. Aber am größten von ihnen ist die Liebe."* Uns ist natürlich klar, dass sich dies auf jeden Aspekt des christlichen Lebens bezieht, trotzdem vergessen wir gelegentlich, dass dies auch die Dienste der Heilung und Befreiung betrifft. Ich würde sogar so weit gehen und sagen, dass es wichtiger ist, dass wir von der Liebe geleitet werden, als das Resultat unserer Gebete. Galater 5,6 erklärt, dass „der Glaube sich durch die Liebe erweist". Es ist erstaunlich, wie das Wort Gottes Glaube und Liebe verbindet. Wir wissen auch, dass „liebe deinen Nächsten", das zweitwichtigste Gebot ist. Liebe sollte immer der Beweggrund für unseren Befreiungs- und Heilungsdienst sein. *„Die Liebe vergeht niemals."* (1. Kor 13,8) Dies gilt auch, wenn die kranke Person krank bleibt.

Liebe ist wie ein Motor, wenn man von ihr angetrieben wird, kann man so viel weiter gehen als ohne sie. Ich hatte Fälle, in denen ich lange Zeit im Gebet für Menschen gekämpft habe, und ich hätte aufgegeben, wenn die Liebe nicht mein Antrieb gewesen wäre. Besonders wenn man Menschen dient, die man nicht kennt und zu denen man vielleicht keine emotionale Verbindung hat, ist es wichtig, von der göttlichen Liebe des Heiligen Geistes erfüllt zu sein.

„Geschwister, wir sind <u>durch die Liebe, die der Heilige Geist wirkt,</u> miteinander verbunden. Deshalb bitte ich euch im Namen von Jesus Christus, unserem Herrn, dringend darum, mir kämpfen zu helfen, indem ihr in euren Gebeten vor Gott für mich einsteht." (Röm 15,30) *(Hervorhebung durch Autor)*

Dies sind wertvolle Menschen, die nach dem Bild Gottes geschaffen und von unserem himmlischen Vater geliebt werden! Wir wollen für sie sorgen. Wenn wir sie wären, dann wären wir auch dankbar für jemanden, der uns in Liebe dient und uns nicht nur als eine Nummer behandelt.

In Matthäus 25,36 spricht Jesus von einem zukünftigen Ereignis, wenn er sagen wird: *„Ich war krank, und ihr habt euch um mich gekümmert."* Was bedeutet das für uns? Das zeigt klar, dass wir, selbst wenn die Person keine Heilung empfängt, nicht für unseren mangelnden Glauben verurteilt werden, sondern von Jesus selbst dafür gelobt werden, dass wir uns in Liebe um die Person gekümmert haben.

27 – Wir sind Botschafter in dieser Welt

Ein Botschafter ist ein bevollmächtigter Vertreter seines eigenen Landes in einem anderen Land. Er lebt in diesem fremden Land und vertritt seine eigene Regierung. Botschafter werden für bestimmte Aufgaben ernannt und haben eine vorübergehende Mission. Das ist genau die Aufgabenbeschreibung eines jeden Christen! Wir werden von Jesus selbst bevollmächtigt und mit verschiedenen Aufgaben betraut. Wir lesen: *„Darum geht zu allen Völkern und macht die Menschen zu meinen Jüngern."* (Mt 28,19) Die Mission und Aufgabe eines Botschafters besteht darin, Jünger zu machen. Manchmal muss einiges geschehen, bevor jemand zu einem Jünger wird, wie das Evangelium in Liebe zu predigen, sie freizusetzen und ihnen Heilung zu bringen. Alle diese Schritte führen zum Endziel, sie zu Jüngern zu machen. Wir versöhnen die Menschen eines fremden Landes, in dem wir leben und dass wir „die Welt" nennen, mit dem Land „Himmel", dem sie angehören. Im 2. Korinther 5,19 heißt es: *„[...] und uns hat er die Aufgabe anvertraut, diese Versöhnungsbotschaft zu verkünden."* Dies ist eine vorübergehende Aufgabe, und sie dauert nur so lange, wie wir in diesem fremden Land leben. Unsere wirkliche Heimat ist der Himmel. Das sagt Jesus über seine Kinder: *„[...] denn sie sind nicht von der Welt, gleichwie auch ich nicht von der Welt bin."* (Joh 17,14, SLT)

Alle wiedergeborenen Christen sind wahre Botschafter und müssen ihre Mission sehr ernst nehmen. Dies ist eine äußerst wichtige und dringende Aufgabe! Die Bibel sagt dazu: *„Deshalb treten wir im Auftrag von Christus als seine Gesandten auf; Gott selbst ist es, der die Menschen durch uns zur Umkehr ruft. Wir bitten im Namen von Christus: Nehmt die Versöhnung an, die Gott euch anbietet!"* (2. Kor 5,20)

Jeder Gesandte muss auch sicherstellen, dass er Jesus moralisch und in der Lehre vertritt. Er muss bei jedem Aspekt seines Lebens immer auf der Hut sein. Das Streben nach Heiligkeit und eine größere Ähnlichkeit mit Jesus sind ein wichtiger Teil davon. *(„Bemüht euch mit ganzer Kraft um Frieden mit jedermann und richtet euch in allem nach Gottes Willen aus! Denn ohne ein geheiligtes Leben wird niemand den Herrn sehen."* Heb 12,14) Das ist natürlich nur möglich durch die Kraft des Heiligen Geistes. Ansonsten würden wir versuchen, Gott durch unsere Werke zu gefallen, was zu einer religiösen Übung wird. Wenn wir das zweite Gebot befolgen *(„Liebe deine Mitmenschen wie dich selbst!"* Mt 22,39) und Liebe und Mitgefühl in unserem Herzen haben, dann sind wir gute Gesandte. Wenn du damit kämpfst, dann bitte Gott, dass er dir Liebe und Mitgefühl durch den Heiligen Geist gibt. Himmlische Gesandte sind nie alleine! Jesus hat versprochen, dass er immer mit uns in diesem fremden Land sein wird, bis wir in unsere himmlische Heimat gerufen werden (*„Ich bin jeden Tag bei euch, bis zum Ende der Welt."* Mt 28,20).

Wenn du an Befreiung und Heilung beteiligt bist, dann sei dir immer der Tatsache bewusst, dass Jesus mit dir ist. Du hast seine Autorität, diese Aufgabe zu übernehmen, da er derjenige ist, der dich dafür überhaupt erst berufen hat.

28 – Letzte Worte über Heilung

Welchen Platz haben Ärzte und Medizin vor diesem Hintergrund? Die Menschen sind manchmal unsicher, ob sie im Unglauben handeln, wenn sie Medikamente nehmen. Zuerst einmal: Gott sei Dank für Ärzte! Ich glaube, dass man ohne Probleme Medikamente nehmen und im Glauben handeln kann. Menschen sind schon gestorben, weil sie „im Glauben" ihre Medikamente abgesetzt haben. Lass den Heiligen Geist wirken. Wenn du für Heilung betest oder jemand für dich betet, dann setze die Medikamente ab, wenn die Heilung bestätigt ist. Du kannst auch zum Arzt gehen, um dir die Heilung bestätigen zu lassen. Es ist so einfach. Ich sage damit nicht, dass es keinen Platz dafür gibt, dass man im Glauben Medikamente absetzt. Wir müssen dem Heiligen Geist erlauben, dies zu regeln. Sei niemals leichtsinnig in diesem Prozess! Wenn es nicht zur Heilung kommt, ist es besser, die Medikamente weiter zu nehmen. Du kannst diese Zeit nutzen, damit dein Glaube weiter wachsen kann, bis du göttliche Heilung zu einem späteren Zeitpunkt empfängst. Das ist besser, als in gut gemeintem Glauben zu sterben!

Zum Abschluss erinnere dich daran, dass Gottes Wort die Richtschnur ist und nicht unsere Erfahrung. Ich hoffe, dies hilft dir, dich frei zu fühlen und für Heilung zu beten, ohne zu Zögern und im Glauben zu wachsen.

KAPITEL 9

Abschlussworte

29 – Abschlussworte

Einen Menschen freizusetzen ist manchmal, wie wenn man Schichten einer Zwiebel einzeln abzieht. Manches braucht etwas länger, anderes kann sehr schnell gelöst werden. Aus diesem Grund rate ich auch dem Leib Christi, sich um die Gaben *„Geister zu unterscheiden"* (1. Kor 12,10) und *„Worte der Erkenntnis"* (1. Kor 12,8) zu bemühen. Durch sie kann der Prozess der Befreiung und innerer Heilung deutlich beschleunigt werden. Es wird dadurch auch sehr viel einfacher. Dazu kommt, dass es ein Schutz ist vor all der Täuschung, mit der wir in dieser Zeit zunehmend rechnen müssen.

Ich hörte von jemandem, für den ich gebetet habe, dass sie bei einigen christlichen Treffen war, bei denen ein satanischer Geist durch jemanden wirkte, der sich Christ nannte. Diese Person war eine „Pflanze" des Feindes und in Okkultismus verstrickt. Als er für Menschen betete und Hände auflegte, wurde die andere Person Opfer von Dämonen. Niemand schöpfte Verdacht, bis bereits sehr viel Schaden angerichtet war, aber selbst dann konnten viele nicht glauben, dass Christen von so etwas betroffen sein könnten. Aus diesem Grund kam die Frau schließlich zu mir für Befreiungsgebet.

Mein Rat ist, dass du so nahe wie nur möglich am Wort Gottes bleibst. Das ist unser Licht, unsere Sicherheit und unser ultimativer Schutz! (*„Dein Wort ist meines Fußes Leuchte und ein Licht auf meinem Weg." Ps 119,105*)

30 – Schlussfolgerungen

Der effektivste Weg im Befreiungsdienst besteht nicht nur darin, die spirituelle Freiheit der Menschen zu gewährleisten, sondern auch darin, jeden rechtlichen Eingangspunkt zu beseitigen und sich mit den Fragen des Herzens zu befassen, wo die Wurzeln des Problems sind. Wenn eine Person wirklich frei geworden ist, ist es wichtig, dass es nun um mehr geht, als sich einfach nur besser zu fühlen und ein Leben in Freiheit zu genießen. Es geht darum, das Schicksal zu erben, das Gott für uns bereithält. Epheser 2,10 lehrt uns: *„Denn was wir sind, ist Gottes Werk; er hat uns durch Jesus Christus dazu geschaffen, das zu tun, was gut und richtig ist. Gott hat alles, was wir tun sollen, vorbereitet; an uns ist es nun, das Vorbereitete auszuführen."* Gott hat jeden Menschen mit Absicht geschaffen und will, dass wir seinen ursprünglichen Plan für unser Leben verfolgen. Wenn du einmal frei bist von Bindungen, Flüchen und Dämonen, kannst du in Gottes Absichten wachsen. Dann hast du nicht nur den Schlüssel zur Freiheit gefunden, sondern kannst auch ein wahrhaft glückliches und zufriedenstellendes Leben führen.

31 – Jesus zum Herr machen

Wenn du jetzt verstehst, welch großer Kampf in dieser Welt stattfindet und merkst, dass du immer noch auf der falschen Seite stehst, dann ist jetzt der richtige Zeitpunkt, um die Seiten zu wechseln. Verlasse den Prinzen dieser Welt (Satan) und mache Jesus zum Herrn in deinem Leben. Er hat für all deine Sünden mit seinem Blut am Kreuz bezahlt, damit du von all deinen Sünden reingewaschen bist und ewiges Leben erhältst. Die ewigen Konsequenzen und Bedeutung, welche deine vergangenen Sünden hatten, sind durch sein Blut zunichte gemacht und haben keine Geltung mehr *(„Ihm, der uns liebt und uns durch sein Blut von unseren Sünden erlöst hat, [...]" Offb 1,5)*. Wenn du das willst und es von Herzen ernst meinst, dann bete zum Beispiel die folgenden Sätze und Jesus wird dich erretten:

Herr Jesus Christus, ich weiß, dass ich in meinen Gedanken, Worten und Taten gesündigt habe.

Da sind so viele gute Dinge, die ich nicht getan habe.

Da sind so viele sündige Dinge, die ich getan habe.

Ich war ... (z. B. wütend, selbstsüchtig, habe Lügen erzählt, sexuelle Sünden, betrogen, verletzt etc.).

Mir tut es wirklich leid und ich möchte mich von all dem abwenden, von dem ich weiß, dass es falsch ist.

Ich verstehe, dass meine Sünden mich von dir getrennt haben.

Bitte vergib mir und wasche mich von all meinen Sünden rein.

Du hast dein Leben am Kreuz für mich gegeben.

Dankbar gebe ich dir mein Leben hin.

Ich bitte dich, dass du als mein Erlöser in mein Leben kommst.

Komm, sei mein Herr und mach mich zu deinem Kind.

Von nun an möchte ich dir folgen und dich zum König meines Lebens machen.

Ich setze mein Vertrauen in dich und deine Gerechtigkeit allein und nicht mehr länger in all die guten Dinge, die ich tun und erreichen konnte.

Ich danke dir von ganzem Herzen, dass du mich errettet und mir vergeben hast.

AMEN!

Liste mit okkulten Begriffen:

Bevor du durch diese Liste gehst, möchte ich darauf hinweisen, dass jeder Punkt in Bezug auf Gefahr und Schaden auf einer anderen Skala liegt. So wie es verschiedene Schlangen gibt, sind einige sehr giftig, und man stirbt ziemlich sofort, und andere sind weniger giftig, aber man wird trotzdem stark geschädigt. Tatsache ist, man hat einen Schlangenbiss, wenn sie beißt. Ich würde dringend empfehlen, sich von allen Schlangen fernzuhalten, und zwar immer!

(Die folgende Liste ist auf keinen Fall vollständig.)

Akupunktur, Alchemie, Amulette, Ankh, Apotropaion, Erscheinungen, Astralprojektion, Astralebene, Astrologie, Weissagung, Aura, automatische Schrift, Avatar, Geburtszeichen, Geburtssteine, schwarze Künste, schwarze Magie, schwarze Masse, Blutabonnement, Kartomantie, Kettenbriefe, Chakra, Channeling, Charme, Hellhören, Hellsehen, Hellseherei, Klerikertum, Farbtherapie, Beschwörung, Hexenzirkel, Kristallkugelblick,

Kristalle zur Heilung, Fluch, Todesmagie, Déjà-vu (die Idee, eine Situation oder einen Ort schon einmal gesehen oder erlebt zu haben, obwohl es physisch unmöglich ist), Dämonenanbetung, Weissagung, Wünschelrute, Druide, Ektoplasma, Verzauberung, böser Blick, außersinnliche Wahrnehmung, Fetisch, Feuerwandeln, Volkszauber, Wahrsagerei, Grimoires (ein Buch mit Zaubersprüchen und Beschwörungen), geführte Bilder, Heavy-Metal-Rockmusik, Hepatoskopie, Hex, Hexagramm, Homöopathie, Horoskope, Pferdemessing, Hydromantie, Hypnose, Idole, Incubus, Iridologie, Jinx, Juju, Kabbala, Karma, Levitation, Ley-Linien, Trankopfer, Literomantik, Glücksbringer, Charme Armbänder, Magier, Mandala, Mantra, Kampfkunst, Medium, Mesmerismus, Gedankenkontrolle, Metaphysik, Achtsamkeit, Gedankenlesen, Geisteswissenschaft, Mojo, Moonmancy, Mutter Erde Glauben, Mutter Göttin Glauben, Motorskopua, Mystik, Nekromantie, Neopagan, New Age, New Age Symbole, Numerologie, Obeah oder Obi, okkulte Literatur, okkulte Symbole, om, Vorzeichen, Ouijabrett, Handlesen, Pantheismusglaube, Parakinese, Parapsychologie, Pendel, Pentagramm, Phrenologie, Physiognomie, Planchette, Poltergeist, Polytheismusglaube, Präkognition, Vorahnung, psychische Geburt, psychische Heilung, psychische Sehkraft, Psychometrie, Punkrock, Pyramidologie, Reflexologie, Reiki-Heilung, Reinkarnation, Fernwahrnehmung, Rolfing, Satanismus, Hellsehen, Séancen, Schamanin, Formwandeln, Zauberei, Seelenreise, Zauberspruch, Geisterführer, Spiritismus, Stang, Stigmata, Aberglaube, sympathische Magie, Tischumkippen, Talisman, Tantra, Tarot, Teeblattlesen, Telekinese, Telepathie, therapeutische Berührung, Theurgie, Drittes Auge, Trance, transzendentale Meditation, Translokation, Transmigration, Voodoo, Zauberstab oder Sprengstab, weiße Magie, Wicca, Hexerei, Yoga, Tierkreis.

Liste von alternativen medizinischen Praktiken, die riskant sein können:

Hier möchte ich ebenfalls ein paar Gedanken anfügen, bevor du durch diese Begriffe gehst. Viele der Heilmittel und ihre Prinzipien sind ursprünglich von Gott zum Wohlergehen und der Heilung von Menschen gegeben. Sie sind gut und überhaupt nicht gefährlich. Der Feind hat das gewusst und sich dies zunutze gemacht, indem er die ursprünglichen Heilmittel verzerrt und ihnen eine gefährliche spirituelle Bedeutung gegeben hat, um seine Ziele zu verfolgen, die wir in diesem Buch erörtert haben. Dies bedeutet, dass manche der folgenden Begriffe sehr hilfreich sein können, wenn sie komplett von den geistlichen Praktiken losgelöst werden. Die Mehrheit davon kann aber nicht von ihren geistlichen Aspekten getrennt werden und ist darum gefährlich. Deshalb rate ich dir dringend, dass du davon ablässt, um deine persönliche Sicherheit zu gewährleisten.

Hier ein Beispiel von einer weniger gefährlichen Form:

Zwei ältere, hingebungsvolle christliche Frauen, die große Schwierigkeiten in ihrem Gebetsleben hatten, wurden offenbar durch homöopathische Medizin geheilt. Später stellte sich heraus, dass die beiden Frauen zuvor genau die gleiche Arznei von einem Arzt erhalten hatten. Aber diese Arznei wirkte überhaupt nicht. Es war offensichtlich, dass es nicht die Arznei war, die ihnen half, sondern die spirituelle Anwendung dahinter. Die beiden Frauen taten Buße und baten Jesus, ihnen zu verzeihen. Danach erlöste Gott sie, und alle Schwierigkeiten, die sie hatten, waren verschwunden.

(Ein deutscher Arzt Samuel Ch. F. Hahnemann war der Gründer der Homöopathie. Er glaubte, dass er das Wissen dafür durch eine Offenbarung von himmlischen Mächten erhalten hat. Ein sehr prominenter Homöopath erklärte öffentlich, dass nur 3 % auf natürlicher Medizin beruht.)

(Diese Liste ist auf keinen Fall komplett.)

Akupressur, Akupunktur, Allopathie, Aromatherapie (die natürlichen Öle an sich sind nicht das Problem, es ist, wenn sie im Zusammenhang mit der Aromatherapie ursprünglichen Gedanken des Gleichgewichts der Harmonie zwischen Körper und Geist verwendet werden oder wenn du dich einem Aromatherapeuten unterordnest), Bindungstherapie, Aura-Soma, Autogenes Training und Autosuggestion, Ayurveda, Bachblüten, Bates-Methode, Chelat-Therapie, Chinesische Medizin, Christliche Wissenschaft, Farbtherapie oder Chromotherapie, Kristalltherapie, Glaubensheiler (nicht christlich), Blütenessenz-Therapie, geführte Bilder, Pflanzenheilkunde, Kräuterkunde, Homöopathie, Hypnotherapie, Iridologie, Jin Shin Jyutsu, makrobiotischer Lebensstil, magnetische Heilung, medizinische Intuition, Meditation (natürlich beziehen wir uns auf nicht-christliche Meditation), Naturheilkunde, New Age Medizin, Reinkarnationstherapie, Polaritätstherapie, Psychische Heiler, Psychische Chirurgie, Pyramidenheilung, Qigong, Quantenberührung, Radiesthesie, Rebirthing, Reflexologie, Reiki, Rolfing, Shiatsu, Sophrologie, Spiritualistisches Heilen, Tantra, Therapeutische Berührung, manche traditionelle chinesische Medizin.

Advantage
BOOKS

www.ingramcontent.com/pod-product-compliance
Lightning Source LLC
Chambersburg PA
CBHW062004040426
42447CB00010B/1897